Alena Schröder
Wir sind bedient

© Sabine Strehlow

Vita

Alena Schröder, 1979 geboren, hat Geschichte, Politik und Lateinamerikanistik studiert und ihr journalistisches Handwerk schließlich an der renommierten Henri-Nannen-Schule gelernt. Einige Jahre war sie Redakteurin der Zeitschrift BRIGITTE und lebt jetzt als freie Autorin mit Mann und Kind in Berlin.

Fragen an die Autorin

In Ihrem Buch berichten 26 Frauen über ihren Berufsalltag. Sie strampeln sich ab, damit wir uns wohlfühlen. Was erleben diese Frauen?
Trauriges – wie die Krankenschwester, die todkranken Patienten nicht sagen darf, dass sie sterben werden. Komisches – wie die Putzfrau, die im Müll Pikantes aus dem Liebesleben ihres Arbeitgebers findet. Skandalöses – wie die Drogerieverkäuferin, die von ihrem Chef bespitzelt wird. Kurioses – wie die Depiladora, die ihren Kunden die Scham enthaart und dabei Beziehungstipps erteilen soll. Eins ist sicher: Jede Flugbegleiterin, Hebamme oder Sozialarbeiterin erlebt in ihrem Alltag mehr Dramen und Abenteuer als die meisten Vorstandschefs in ihrem ganzen Berufsleben.

Sind wir, die Dienstleistungen in Anspruch nehmen und oft nicht zu würdigen wissen, nur gedankenlos, oder fehlt der nötige Respekt?
Beides. Wahrscheinlich hat jeder schon mal nach einer halben Stunde in der Warteschleife eine Callcentermitarbeiterin angeschnauzt. Oder an der Supermarktkasse mit dem Handy am Ohr wortlos sein Kleingeld hingeknallt. Wir sollten uns alle ab und zu bewusst machen, wie abhängig wir von diesen Heldinnen des Alltags sind – und dass wir davon profitieren, sie gut zu behandeln.

Harte Jobs, die keiner machen will, oder?
Im Gegenteil! Alle Frauen, die ich interviewt habe, brennen für ihren Beruf und arbeiten gern für andere. Umso dankbarer sollten wir als Kunden, Patienten und Gäste für ihren Einsatz sein.

Alena Schröder

Wir sind bedient
26 Frauen über harte Jobs
und irre Kunden

FSC Mix
Produktgruppe aus vorbildlich
bewirtschafteten Wäldern und
anderen kontrollierten Herkünften

Zert.-Nr. SGS-COC-001940
www.fsc.org
© 1996 Forest Stewardship Council

Verlagsgruppe Random House FSC-DEU-0100
Das für dieses Buch verwendete
FSC-zertifizierte Papier *Holmen Book Cream*
liefert Holmen Paper, Hallstavik, Schweden.

2. Auflage
BRIGITTE-Buch im Diana Verlag
Originalausgabe 12/2010
Copyright © 2010 by Diana Verlag, München,
in der Verlagsgruppe Random House GmbH
Redaktion: | Eva Philippon
Herstellung | Gabi Kutscha
Umschlaggestaltung | © t. mutzenbach design, München
Satz | Leingärtner, Nabburg
Druck und Bindung | GGP Media GmbH, Pößneck
Printed in Germany 2010
978-3-453-38011-0

www.diana-verlag.de

Inhalt

Vorwort 9

»Man weiß nie, wann Feierabend ist.«
Annette, 38 Jahre, Hebamme 11

»Ich träume von einer langen,
langsamen Schiffsreise.« 24
Christine, 45 Jahre, Flugbegleiterin

»In der Mittagspause ist hier am meisten los.«
Kamilla, 30 Jahre, Prostituierte 37

»Mit Krebs wird viel Geld verdient.«
Franziska, 56 Jahre, Pharmareferentin 49

»Wenn sich einer vor den Zug wirft,
muss ich raus aufs Gleis.«
Gisela, 45 Jahre, Zugbegleiterin 55

»Man ist halt die Putze.«
Karin, 38 Jahre, Reinigungskraft 67

»Mich erstaunt immer wieder, wie skrupellos
Männer fremdgehen.«
Elena, 28 Jahre, Hotelfachfrau 75

»Am schlimmsten sind die Beifahrerinnen.«
Barbara, 42 Jahre, Politesse 84

»Alle denken: Das bisschen Haareschneiden,
das ist einfach.«
Katja, 25 Jahre, Friseurin 92

»Dieses Unausgesprochene macht mich fertig.«
Sabine, 43 Jahre, Krankenschwester 102

»Für viele Männer ist man sowieso Freiwild.«
Bärbel, 30 Jahre, Messehostess 113

»Meinem Mann gefällt es, dass ich so schön
nach Bockwurst rieche!«
Jutta, 39 Jahre, Fleischereifachverkäuferin 119

»Länger als 40 Minuten hält keiner durch.«
Hannah, 34 Jahre, Dolmetscherin 130

»Den ganzen Tag über denke ich an
die Stückzahl.«
Gertrud, 54 Jahre, Fließbandarbeiterin 138

»Bei diesem Job fällt jede Distanz.«
Anna, 23 Jahre, Depiladora 143

»Pflanzen sind schließlich auch bloß Menschen.«
Katherina, 58 Jahre, Blumenhändlerin 149

»Viele sind dem Job psychisch nicht gewachsen.«
Carola, 44 Jahre, Callcenteragentin 160

»Die Alten werden bei der Pflege beschissen.«
Ilona, 37 Jahre, Altenpflegerin 171

»In dieser Welt zählt jedes Gramm.«
Oksana, 25 Jahre, Ballerina 181

»Wir Verkäuferinnen werden ständig kontrolliert.«
Marina, 44 Jahre, Drogeriefachverkäuferin 189

»Die Eltern meiner Schüler mag ich in
den seltensten Fällen.«
Miriam, 33 Jahre, Grundschullehrerin 197

»Es ist fast wie eine platonische Ehe.«
Susanne, 44 Jahre, Sekretärin 209

»Man entwickelt einen gewissen Galgenhumor.«
Andrea, 46 Jahre, Sozialarbeiterin 219

»Ich bin weder Psychologin noch ein Beichtstuhl.«
Elke, 58 Jahre, Wirtin 232

»Frauen wollen Balkone, Männer
einen großen Keller.«
Wiebke, 45 Jahre, Immobilienkauffrau 240

»Für mich ist das wie Brötchen verkaufen.«
Ingrid, 54 Jahre, Bankangestellte 247

Vorwort

Haben Sie schon einmal darüber nachgedacht, was Ihre Putzfrau alles über Sie weiß? Was die Prostituierte denkt, während sie braven Familienvätern die Mittagspause versüßt? Wie sich die Callcenteragentin fühlt, an der Sie Ihren Ärger über Ihren Telefonanbieter auslassen? Wie es um die Wirtschaftselite unseres Landes bestellt wäre, gäbe es nicht fähige Sekretärinnen, die wissen, wie man einen Flug bucht, einen Rasierapparat repariert und unliebsame Anrufer abwimmelt? Mit welchen Tricks Ihre Bankberaterin Ihnen Versicherungen und Kredite schmackhaft machen muss? Und dass vielleicht niemand so gut über den Zustand Ihrer Ehe Bescheid weiß wie Ihre Friseurin oder die Wirtin Ihrer Lieblingskneipe?

Es gibt Frauen in diesem Land, die unser Leben weit mehr und unmittelbarer beeinflussen, als wir ahnen. Weil sie unsere Eltern pflegen, unsere Kinder versorgen, sich unsere Nöte anhören, unsere Sonderwünsche erfüllen. Weil sie dafür sorgen, dass wir einen schönen Abend erleben, besser aussehen und immer die richtige Wurst im Kühlschrank haben. Sie verkaufen, beraten, umsorgen, hören zu. Sie lassen sich beschimpfen, ausbeuten und werden oft schlecht bezahlt. Und in den allermeisten Fällen lieben sie ihren Job.

Es mag nicht besonders zeitgemäß sein, von »klassischen Frauenberufen« zu sprechen – schließlich leiten Frauen auch Konzerne, leisten Dienst an der Waffe, schuften auf dem Bau oder führen Koalitionsverhandlungen. Aber es ist nun mal eine Tatsache, dass Dienstleistung in Deutschland eine Frauendomäne ist. Wo der Mensch im Mittelpunkt steht, wo Einfühlungsvermögen, Engagement und Disziplin gefragt sind, sind weibliche Arbeitnehmer in der Mehrzahl. Und es sind genau diese Frauen, denen im Alltag mehr aufregende Geschichten widerfahren als den meisten männlichen Vorstandsvorsitzenden in ihrem ganzen Berufsleben.

In diesem Buch erzählen sechsundzwanzig Frauen aus ganz Deutschland die Wahrheit über ihren Job: Komisches, Trauriges, Ungewöhnliches, Skandalöses. Sie brechen Schweigepflichten, decken Missstände auf und riskieren Ärger mit ihren Arbeitgebern – deshalb sind ihre Geschichten anonym. Ausnahmslos alle machen ihren Job gerne, und dennoch ist ihnen eines gemein: der Wunsch nach ein bisschen mehr Anerkennung, sei es durch mehr Gehalt oder mehr Prestige. Oder dadurch, dass man ihnen wenigstens einmal kurz in die Augen guckt und Danke sagt.

»Man weiß nie, wann Feierabend ist.«

Annette, 38 Jahre, Hebamme, traut keinem, der sagt,
er habe bei einer Geburt alles unter Kontrolle.

Ich mag Babys. Das klingt jetzt banal, aber ich musste erst richtig lernen, mir das zuzugestehen. In der Klinik, in der ich ausgebildet wurde, galt das fast als unprofessionell. Da sagte man auch nicht Baby, sondern »Kind« oder »Neugeborenes«, und die hießen dann nicht Lisa oder Leo, sondern »Kind Müller« oder so. Man hatte gar keine Zeit, richtig sein Herz zu öffnen, man war dazu da, um zu kontrollieren, ob es atmet und ob alle zehn Finger dran sind. Es war verpönt, die Babys süß zu finden, da hieß es dann: »Na, haste nicht genug mit Puppen gespielt, oder was?« Aber ich bin doch auch Vorbild für die Eltern. Wenn ich nicht liebevoll mit dem Kind umgehe, wie sollen die dann Antennen dafür entwickeln, wie man Kontakt zu einem Neugeborenen herstellt?

Ich kann mich noch gut an meine erste Geburt erinnern. Das war während meiner Ausbildung, ich hatte Nachtdienst und von nichts eine Ahnung. Ich stand also in meinem Kittel in der Gegend rum, als die Hebamme, die mir zugeteilt war, mich einfach zu einer Frau in den Kreißsaal reinschob und sagte: »So, mach mal.« Vorher hatte sie mir noch erklärt: »Je lauter man eine Frau anschreit unter den Wehen, umso besser. Wenn ich deine Stimme nicht am anderen Ende des Flures höre, dann bist du keine gute Hebamme.«

Tja, da stand ich dann. Ich hab natürlich nicht geschrien, sondern mit der Frau ein bisschen Small Talk gemacht. Das ging ganz gut, die hatte vorher ein Schmerzmittel bekommen und wenig gemerkt. Als sich das Baby dann aber endlich ankündigte, kam die Hebamme zum Glück wieder rein und hat übernommen. Und ja: Sie hat ordentlich gebrüllt, die Frau fand das, glaube ich, auch ganz gut, die hatte so ein Bild von einer forschen Hebamme. Ich stand dann nur noch stumm in der Ecke mit einem Mülleimer in der Hand und habe gestaunt. Zu sehen, wie ein Kind auf die Welt kommt, wie es seinen ersten Atemzug macht, ist für mich jedes Mal wieder eine spirituelle Erfahrung.

Die Arbeit im Krankenhaus ist wahnsinnig anstrengend. Man weiß einfach nie, was einen erwartet, wenn man durch die Tür kommt. Sitzen wir heute nur rum und stricken, oder bekommen vielleicht heute sieben Frauen gleichzeitig ihre Kinder? Das sind jede Menge Adrenalinstöße, im Kreißsaal ist alles möglich. Man weiß nie, wann Feierabend ist. Und wenn richtig viel los ist, müssen sogar die Hebammenschülerinnen fast vollwertig mitarbeiten. Zum Beispiel eine Frau beim Pressen ein bisschen zurückhalten, weil die richtige Hebamme noch nebenan ein anderes Kind holen muss.

Man braucht ein paar Jahre, bis man dieses ganze Puzzle »Geburt« wirklich durchschaut hat, manches bleibt einfach ein Mysterium. Deshalb wird mein Respekt vor Geburten eigentlich immer größer, weil ich schon so oft Dinge erlebt habe, die ich nicht für möglich gehalten hätte. Wenn eine Frau plötzlich anfängt zu bluten, und man bekommt das nicht in den Griff, obwohl vorher alles so toll gelaufen war. Oder wenn ein Kind nach einer perfekten Geburt und unter andauernder Herztonüberwachung einfach nicht atmet, reanimiert werden muss und vielleicht sogar stirbt. Und auch, wenn man es anschließend untersucht, findet man dann nicht unbedingt einen Grund dafür, warum das jetzt so furchtbar schiefgelaufen ist.

Ich habe schon erfahrene Chefärzte weinen sehen, einfach, weil man es nicht versteht. Das ist für mich das Besondere an der Geburtshilfe: Man darf sich nie zu weit aus dem Fenster lehnen. Ärzte und Hebammen, die behaupten, alles hundertprozentig im Griff zu haben, sind mir suspekt.

Ich fand meine Ausbildung in der Klinik nicht wirklich befriedigend. Wir wurden kaum richtig angeleitet, das Tollste für uns Schülerinnen war, wenn man den Dammschutz übernehmen durfte. Also wenn das Köpfchen kommt, aufpassen, dass bei der Frau nichts reißt. Wenn man das gut gemacht hatte, waren das hundert Gummipunkte, und man durfte stolz sein. Aber mit der Geburt allein ist es ja nicht getan, ich wollte mehr über diesen ganzen Prozess lernen und eine Frau einmal wirklich durch die gesamte Zeit von Schwangerschaft, Geburt und Wochenbett betreuen.

Ich bin dann für ein Jahr nach Holland gegangen, wo die Frauen in der Regel ihre Kinder zu Hause bekommen. Dort haben Hebammen noch einen ganz anderen Status. Ich habe bei einer Hebamme hospitiert, die war eine Institution in ihrer Gegend. Sie war dreiundsechzig, kurz vor der Rente und hatte über achttausend Geburten begleitet, fast alle außerklinisch. Sie hatte eine wahnsinnig fürsorgliche und starke Ausstrahlung, man konnte richtig sehen, wie sich die Frauen in ihrer Gegenwart entspannten und sich in ihre Obhut begeben haben. Es war fast eine Ehre, ein Kind bei ihr zu bekommen.

Von ihr habe ich sehr viel gelernt, vor allem die Zuversicht: Das Kind kommt, es wird alles gut. Ich unterstütze die Frauen dabei, guter Hoffnung sein zu dürfen – diesen Ausdruck finde ich sehr passend. Von dieser Hebamme habe ich auch gelernt, besser annehmen zu können, wenn eine Geburt einmal nicht gut ausgeht. Zu akzeptieren, dass ich nicht alles in der Hand habe.

Ich hatte mal einen Fall, der mir noch sehr lange naheging. Da habe ich eine Frau und ihr Kind im Wochenbett betreut, und irgendwie hatte ich kein gutes Gefühl. Ich konnte es nicht wirklich an etwas festmachen, aber ich habe gefühlt, dass dieses Kind noch nicht richtig in der Welt angekommen ist, obwohl körperlich alles in Ordnung war. Ich habe dann den Kinderarzt der Frau angerufen und ihn gebeten, sich das Baby doch noch mal anzuschauen. Zum Glück hat der das ernst genommen, es gibt viele, die denken: Ach, wieder so 'ne Räucherstäbchen-Hebamme mit einem komischen Gefühl! Er hat das Kind noch einmal genau untersucht – und nichts gefunden. Am nächsten Tag war es tot, drei Tage nach der Geburt.

Ich musste dann dorthin und die Eltern betreuen, das war furchtbar. So was lernt man natürlich auch nicht in der Ausbildung: den Eltern in so einem Moment eine Stütze sein und selbst den eigenen Schock verarbeiten. Die Kriminalpolizei war auch da, sie ließ das Baby untersuchen, um die Todesursache festzustellen. Die Frau saß weinend im Wohnzimmer, der Mann hatte sich im Bad eingeschlossen. Ich habe ihn dann immerhin dazu gebracht, sich zu seiner Frau zu setzen, damit die beiden wenigstens gemeinsam weinen. Und dann bin ich vor die Tür und habe die Großeltern in Empfang genommen. Die waren nämlich mit einem Auto voller Geschenke angereist, um ihr frischgebackenes Enkelkind zu bestaunen, und wussten noch gar nichts, weil sie kein Handy hatten.

Mein Gott, wie sagt man so was dann? Die Kripobeamtin meinte, ich solle einfach ruhig und sachlich erzählen, was passiert ist. Und vor allem: keine dramatischen Pausen machen. Dann fangen die nämlich an, sich was auszumalen und durchzudrehen, man muss einfach weiterreden, ohne ihnen die Gelegenheit zu geben, ihr eigenes Kopfkino anzuwerfen.

Ich denke, alles in allem habe ich das ganz gut hingekriegt, auch wenn ich nicht beurteilen kann, ob ich den Eltern in ihrer Trauer wirklich helfen konnte. Aber ich habe auch etwas gelernt dabei: Ich habe eine Intuition, auf die ich mich verlassen kann. Ich habe Antennen, die etwas aufnehmen, was nicht messbar ist. Das ist beruhigend. Es gibt eben doch so etwas wie die alte Hebammenkunst, für die man eine gewisse Erfahrung braucht.

Viele Jahre lang habe ich hauptsächlich Hausgeburten betreut. Das war eine tolle, aber auch sehr belastende Zeit. Sachen, die für andere ganz selbstverständlich waren, habe ich mir nicht erlaubt. Bin lieber nicht ins Kino, wenn eine Frau schon drei Tage überfällig war. Oder ich habe lieber nichts getrunken, weil ich dachte, wer weiß, ob ich später noch irgendwohin muss. Spontan mal wegfahren ging gar nicht. Ich musste ständig erreichbar sein.

Lange Zeit habe ich mir das schöngeredet, es ist schließlich eine unglaubliche Erfahrung, wenn ein Kind geboren wird. Ich dachte: Das gibt mir so viel, das will ich nicht aufgeben. Aber irgendwann war die Belastung einfach größer als die Freude, ich hatte zum Beispiel viel zu wenig Zeit für meine Tochter. Ich konnte ihr nichts versprechen, konnte immer nur sagen: »*Vielleicht* gehen wir am Wochenende in die Schwimmhalle. Aber wenn das Baby kommt, müssen wir das verschieben.« Das hat meine Tochter irgendwann nicht mehr hören wollen. Ich habe auch von ihrem Vater immer viel Verständnis erwartet. Schließlich muss doch jeder verstehen, dass man alles stehen und liegen lässt, wenn ein Kind geboren wird. Da habe ich beiden sicher sehr viel abverlangt.

Vor einem Jahr habe ich dann aufgehört mit der Geburtsbetreuung, und jetzt mache ich nur noch Nachsorge. Für Kolleginnen klingt das oft wie ein Abstieg. »Was? Die macht nur noch Nachsorge? Traut sie sich nicht mehr?« Vielen kommt das vor wie Drecksarbeit. Früher habe ich auch so gedacht: Wenn ich keine Geburten mache, bin ich keine richtige Hebamme. Dabei ist die Nachsorge fast das Wichtigste! Wenn das Wochenbett vorbei ist, fängt der Alltag ja erst richtig an. Die Mütter gehen am Stock, kommen nicht zum Essen, schlafen kaum. Viele leiden total unter der Präsenz ihres Kindes und haben plötzlich das Gefühl, den schlimmsten Fehler ihres Lebens gemacht zu haben.

Man sieht, wie Partner sich entfernen, nicht, weil sie sich nicht lieben, sondern weil sie keinen Weg finden, diesen Stress gemeinsam zu meistern. Da sitzen dann Paare mit viel Geld in perfekt eingerichteten Wohnungen und können mit ihrem Wunschkind einfach nicht glücklich sein. Dann da zu sein und diesen Eltern beizustehen, finde ich wahnsinnig wichtig.

Früher war ich ganz froh, wenn ich diese ersten Wochen mit dem neuen Kind nicht so mitbekommen habe. Die Geburten haben für mich so viel Raum eingenommen, dass ich es einfach zermürbend fand, immer wieder wegen Stillproblemen angerufen zu werden, während ich mehrere Frauen in den Wehen koordinieren musste. Ich musste einfach Prioritäten setzen, und die Wöchnerinnen kamen da immer zu kurz.

Wenn ich selbst kein Kind hätte, würde ich vielleicht immer noch so arbeiten. Diese Erfahrung am eigenen Leib war ganz wichtig: Meine Hebamme war eben auch nach zwei Wochen weg, und ich wäre auch nicht auf die Idee gekommen, die noch mal anzurufen. Das Kind hat tagsüber stundenlang geschrien, nachts nicht geschlafen und später schlecht gegessen. Ich wusste nicht, was ich machen sollte. Als Hebamme hatte ich totale Hemmungen, mir Hilfe zu holen. Ich dachte: Was denken die von mir, ich bin doch Fachfrau, muss das doch allein in den Griff kriegen.

Jetzt weiß ich, wie Frauen sich fühlen, wenn Babys grundlos schreien. Ich weiß, wie man in diesen Strudel aus Angst gerät und an sich zweifelt, weil man sein Kind einfach nicht beruhigen kann. Lehnt es mich ab? Mag es mich als Mutter nicht? Da ist es so wichtig, dass da jemand von außen den Druck rausnimmt. Viele Frauen sind wahnsinnig dankbar, wenn ich sie darauf anspreche und ihnen erzähle, wie es mir damals ging.

Ich denke, es gibt für jeden Typ Frau die richtige Hebamme: Da gibt es die handfesten, die es wichtig finden, dass das Kind jeden Tag gebadet wird und dass alle Penaten-Produkte am Wickeltisch bereitstehen; die alles genau protokollieren, das Kind dreimal täglich wiegen und wissen, wo es gerade den besten Kinderwagen zu kaufen gibt. Und es gibt die Hebammen, die mit den schwangeren Frauen viel meditieren, damit sie schon mal Kontakt zu ihrem Baby im Bauch aufnehmen können. Ich komme am besten klar mit dem Typ dreiundvierzigjährige Akademikerin, die ihr erstes Kind bekommt, alles perfekt machen will und dabei völlig verkrampft. Da rollen andere Hebammen mit den Augen und sagen: »Oje, die ertrage ich nicht.«

Manchmal tausche ich auch mit Kolleginnen, wenn ich spüre, dass ich mit einer Frau nicht gut auskommen werde. Was ich zum Beispiel nicht gut kann, sind Familien, in denen man auch gleichzeitig den Sozialarbeiter spielen muss und gar nicht weiß, welches Kind man zuerst retten will. Andere können das super und sehen da genau ihre Bestimmung, arbeiten dann zum Beispiel eng mit dem Jugendamt zusammen. Aber ich kann das nicht, dieses Bevormunden. Müttern erklären, dass man die Breitbandglotze nicht auf volle Lautstärke dreht, wenn das Baby direkt danebenliegt. Oder dass man am Wickeltisch nicht raucht.

Manchmal habe ich so junge Frauen, Anfang zwanzig, die bekommen ihr fünftes Kind vom vierten Vater, sind allein und völlig überfordert. Die wissen dann nicht, wo sich ihr dreijähriger Sohn gerade aufhält, der spielt dann irgendwo unten allein auf der Straße. Und sie haben oft keine Ahnung von Verhütung, da verstaubt dann 'ne Pillenpackung oben auf der Schrankwand, und die Frau sagt: »Ja, weiß nicht, soll ich die jetzt nehmen?« Und ich frage mich: Warum verschreibt der Frauenarzt der keine Spirale? Oder berät sie mal zum Thema Sterilisation? Das ist so ein Elend, und du weißt genau, nächstes Jahr kommt das nächste Kind. Zu sehen, was da alles schiefläuft, geht mir einfach zu nah.

Das ist das Besondere, aber eben auch das Anstrengende an diesem Beruf: Als Hebamme sitze ich wirklich bei den Leuten auf der Bettkante und höre mir ihre intimsten Geschichten an. Manchmal gruselt es mich, wenn ich schon so Vorahnungen bekomme: Die Beziehung wird das nicht aushalten. Die rennen doch direkt in die Katastrophe! Oder man bekommt plötzlich unterschwellige Mutter-Tochter-Konflikte präsentiert: Die Mutter will eigentlich helfen kommen nach der Geburt und sagt dann so Sätze wie: »Das arme Kind kann doch gar nicht satt werden, bei deinen kleinen Brüsten!«

Manche Frauen sehen mich auch als Freundinnen- oder Partnerersatz und vereinnahmen mich total. Die denken, ich übernachte auch bei ihnen und gehe mit den Kinderwagen aussuchen. Man muss als Hebamme lernen, sich abzugrenzen und genau zu überlegen, wie weit man sich in die Gruben anderer Leben stellt und versucht auszugleichen. Fast alle Hebammen haben ein Helfersyndrom und opfern sich gern auf. Sie brennen für ihren Beruf und brennen deswegen auch häufig aus.

Manchmal denke ich, ich habe den tollsten Job der Welt, weil ich eine so besondere Zeit im Leben anderer Menschen miterlebe, weil ich so oft »Danke« höre und meistens so willkommen bin. Und an anderen Tagen frage ich mich, ob es nicht auch etwas anderes hätte sein können. Vor der Ausbildung hatte ich angefangen, Medizin zu studieren. Vielleicht hätte ich das weitermachen sollen? Vielleicht habe ich auch ein bisschen Potenzial verschenkt. Als Hebamme kann ich nicht mehr aufsteigen, da habe ich alles gemacht und erreicht, was man in diesem Beruf erreichen kann.

Ein Traum von mir wäre es, Dokumentarfilme zu machen. Gar nicht groß durch die Welt reisen, sondern das kleine Glück und das große Elend hier vor der Haustür einfangen. Am liebsten würde ich einen Film darüber drehen, wie Paare mir die Geburt ihres Kindes erzählen. Da könnte ich mich jedes Mal wegschmeißen! Das sind immer zwei völlig unterschiedliche Geschichten, obwohl alles erst drei Tage her ist. Da sitzen dann beide da mit ihrem Heiligenschein, und sie sagt: »Also, um drei bin ich noch allein die Treppe hoch, und dann kam die erste Wehe.« Und er sagt: »Nein, Schatz, da lagst du gerade in der Badewanne, und ich war nicht da, weil ich uns was zu essen geholt habe, weißt du nicht mehr?« Und so geht das hin und her. Ich freu mich immer auf den ersten Besuch bei den Eltern und ihren Bericht. Eigentlich ist die Geschichte im Detail für mich natürlich langweilig, aber zu sehen, was für unterschiedliche Realitäten die Paare in dem Moment erleben, ist immer sehr amüsant.

In den letzten Jahren hat sich schon eine Menge verändert beim Thema Kinderkriegen. Die Frauen sind viel informierter. Fast alle haben mehrere Bücher zum Thema Schwangerschaft gelesen, leider aber auch die ganzen Horrorgeschichten aus dem Internet. Neuerdings wollen viele Frauen unbedingt akupunktiert werden, weil dadurch die Geburt angeblich schneller geht, das ist eine richtige Mode. Dabei ist eine Schwangerschaft ja eigentlich kein behandlungswürdiger Krankenzustand, kein Chinese würde eine schwangere Frau stechen. Und eine schnelle Geburt ist ja nicht auch unbedingt eine bessere oder eine leichtere.

Es wird auch häufiger geklagt, wenn Kinder nicht gesund auf die Welt kommen, das ist aus den USA hier rübergeschwappt, die Forderung nach Schmerzensgeld. Ich muss als Hebamme alles genau protokollieren, um da nicht angreifbar zu sein. Nach diesem Fall mit dem Kind, das im Wochenbett gestorben ist, stand bei mir auch die Kripo vor der Tür und wollte meine Aufzeichnungen sehen.

Was sich sehr positiv verändert hat, das sind die Väter. Die trauen sich endlich zuzugeben, dass sie sich engagieren. Viele wollten das früher sicher auch, konnten da aber aus ihrer Männerrolle nicht so ausbrechen. Jetzt sitzen sie oft dabei, wenn ich zum Hausbesuch komme, gucken und stellen Fragen, haben auch viel mehr Achtung vor dem, was die Frauen leisten bei Schwangerschaft und Geburt. Die Übelkeit, die Schmerzen! Aber es gibt auch Männer, die ganz enttäuscht sind, weil sie bei der Geburt gar nicht so zum Einsatz gekommen sind, wie sie sich das vorgestellt hatten. Da stehen auch die Väter ganz schön unter Druck, es wird ja heute erwartet, dass sie bei der Geburt dabei sind. Und hier in Berlin wird in manchen Kreisen auch davon ausgegangen, dass Väter in jedem Fall Elternzeit nehmen.

Ich bin immer sehr gerührt, wenn ich sehe, dass Väter sich zu Gruppen zusammentun und gemeinsam mit dem Kinderwagen losziehen. Und was bestellen sie, wenn sie dann im Café sitzen? Das absolute Trendgetränk für stillende Mütter: Caro-Milchkaffee.

Rund 680 000 Babys kommen jedes Jahr in Deutschland zur Welt, davon werden nur etwa 8 500 zu Hause oder in einem Geburtshaus – also außerklinisch – geboren. +++ Für eine Geburt in der Klinik darf eine freiberufliche Hebamme 224 Euro abrechnen, wobei so ein Einsatz durchschnittlich elf Stunden dauert. +++ Viele freiberuflich tätige Hebammen kämpfen um ihre Existenz. Vor allem die steigenden Haftpflichtprämien von jährlich mehr als 3 500 Euro sind bei einem monatlichen Durchschnittsverdienst von 1 200 Euro kaum noch bezahlbar. +++ Seit Jahren warnt der Bund Deutscher Hebammen vor einer personellen Zuspitzung in den Kreißsälen. Frei werdende Stellen würden gesperrt oder nicht mehr nachbesetzt. +++ Der Hebammenmangel führt auch dazu, dass eine Hebamme mehrere Gebärende gleichzeitig betreuen muss. +++ Hebammenarbeit erfolgt heute schon zu 50 % während der Nacht, aber auch die Wochenenden sind in die normale Arbeitszeit eingebunden.

»Ich träume von einer langen, langsamen Schiffsreise.«

Christine, 45 Jahre, Flugbegleiterin, über Futterneid
in der Kabine und warum Männer im Anzug
die schlimmsten Passagiere sind.

Es gibt drei Sorten von Passagieren, die mir besonders unangenehm sind: Blauhemden, Ferienhausbesitzer und Proleten.

Die Blauhemden, das sind die Geschäftstypen. Vielflieger. Die glauben allesamt, sie hätten das Fliegen erfunden. Meistens sind sie sogar ganz nett, aber unglaublich dreist. Kommen grundsätzlich in der letzten Minute ans Gate, bringen garantiert ihren Koffer mit, weil sie keine Lust haben, später am Gepäckband anzustehen. Und fangen dann an zu diskutieren, wenn man sie bittet, den Koffer nicht oben in die Gepäckfächer zu tun: »Wieso? Den packe ich immer da rein, das ist mir ja noch nie passiert, dass das nicht möglich ist ...« Blablabla.

Man muss sich immer auseinandersetzen, die haben überhaupt keinen Respekt mehr. Aber wer mal erlebt hat, wie so ein Koffer mitten im Flug von oben runtersaust und einer Passagierin ein Loch in den Kopf haut und der

Flieger dann irgendwo über Grönland runtermuss, damit die Frau ärztlich versorgt werden kann, der lässt sich da auf keine Diskussionen ein.

Ich bin keine Saftschubse, wie es immer so schön heißt, ich bin für die Sicherheit an Bord zuständig. Darauf bin ich trainiert: mehrere Hundert Passagiere in neunzig Sekunden aus einem Flugzeug zu evakuieren, wenn es darauf ankommt. Früher musste man nicht so viel diskutieren, da hatten die Passagiere Flugbegleitern gegenüber noch mehr Respekt.

Auch die Sache mit den Handys ist schwierig: Das kann doch nicht zu viel verlangt sein, die einfach während des Fluges auszulassen. Aber letztlich kann ich ja auch nicht jeden ständig kontrollieren. Wenn Passagiere an ihren Handys rumspielen und man sie dann fragt: »Entschuldigung, was machen Sie da?« – »Ja, ich wollte nur mal gucken, ob ich hier oben Empfang hätte.« Ich meine, da sitzen zweihundert Leute mit an Bord. Die gehen alle mit drauf, wenn die Bordelektronik anfängt zu spinnen, weil da einer mal kurz eine SMS schreiben will.

Wenn die Blauhemden es nicht darauf anlegen, verstecken sie sich meistens hinter einer Zeitung und halten nur wortlos den Kaffeebecher hin zum Nachschenken – und das ist auch nicht so schön. Keine Kommunikation, nichts. Man wird nicht einmal angeguckt, geschweige denn, dass einer mal »Bitte« oder »Danke« sagt.

Die zweite Sorte Passagiere, die ich nicht besonders mag, sind die Ferienhausbesitzer. Flugziel Malaga oder Faro. Die lassen gern durchblicken, dass sie viel Zeit zum

Golfen haben, mehrmals im Jahr in den Süden fliegen und jetzt hier an Bord erst mal einen tipptopp Service erwarten. Denen ist nichts gut genug. Und meistens sind sie genauso dreist wie die Blauhemden: Bringen garantiert ihren Koffer mit ans Gate und trödeln dann beim Einsteigen.

Ich glaube, viele wissen gar nicht, wie ärgerlich das ist, wenn der Flieger seinen Slot verpasst. Das ist die uns zugewiesene Zeitspanne von vielleicht fünf Minuten, in der die Maschine auf der Startbahn stehen muss. Man braucht ja für den gesamten Flug sozusagen eine grüne Welle. Und wenn man diesen Korridor verpasst, muss erst wieder ein neuer Slot in Brüssel beantragt werden. Das kann aber auch mal zwei Stunden dauern, es bringt den ganzen Flugplan durcheinander, und die Passagiere regen sich auf.

Dann gibt es noch die Proleten, die sich heimlich ihre Wodkaflasche mit an Bord nehmen und dann die ganze Reihe vollkotzen. Oder keine Ruhe geben, heimlich auf der Toilette rauchen und rumpöbeln. Frauenkegelclubs sind da besonders anstrengend, mit denen ist nicht zu reden. Bei Männerrunden kann ich mir immer noch einen greifen und ihm sagen: »Du, pass mal hier ein bisschen auf deine Kumpels auf, sonst lassen wir euch nach der Landung allesamt von der Polizei abholen.« Und meistens wirkt das auch.

Zur Not haben wir auch Handschellen an Bord, und ich habe auch mal gelernt, wie man sie benutzt. Ob das dann im Ernstfall auch funktionieren würde, ist eine andere Frage. Es gab mal einen Flug, da hat sich ein Passagier derart danebenbenommen, dass er schließlich von den anderen Passagieren ruhiggestellt wurde. Und zwar auf so heftige Weise, dass wir zwischenlanden mussten, um den auszuladen, weil wir Angst hatten, der überlebt das nicht bis zum Zielflughafen.

Ich bin seit zwanzig Jahren Flugbegleiterin, ich habe bei verschiedenen Airlines gearbeitet und habe wirklich schon viel gesehen. Und ich muss sagen: Am liebsten sind mir immer noch die Charter-Maschinen in ein Urlaubsland. Nicht mit Ferienhausbesitzern, sondern mit ganz normalen Leuten an Bord. Die sind aufgeregt und aufgekratzt. Natürlich ist es auch mal stressig, aber das ist mir immer noch lieber als diese abgeklärten Vielflieger, für die das Fliegen genau dasselbe ist wie Busfahren.

Ich freue mich immer, wenn ich mal jemanden an Bord habe, der zum allerersten Mal fliegt. Für den das noch etwas wirklich Besonderes ist, ein Abenteuer. Das hat früher ja auch ein bisschen das Flair dieses Berufes ausgemacht, da war die Fliegerei deutlich bunter. Aber heutzutage, wo alle so mobil sind, geht das immer mehr verloren.

Neulich hatte ich mal ein über achtzigjähriges Ehepaar an Bord. Und es war für beide der erste Flug. Die waren so rührend und haben sich ganz süß umeinander gekümmert, so was finde ich immer schön.

Was mit den Jahren wirklich schlimmer geworden ist: Die Leute haben verlernt, vernünftig miteinander zu sprechen. Es ist natürlich eine spezielle Situation, auf engstem Raum mit so vielen Menschen zehntausend Meter über dem Erdboden in einer Druckkabine eingepfercht zu sein und die Kontrolle über sein Leben in die Hände eines Piloten zu legen. Umso wichtiger ist es doch, dass man Konflikte freundlich löst. Dem anderen nicht gleich die Sitzlehne vors Gesicht knallt, höflich darum bittet, ob man mal vorbeidarf, anstatt gleich rumzublaffen.

Es gibt auch immer mal ein paar B- oder C-Promis an Bord, die sich wirklich furchtbar aufführen und permanente Sonderbehandlungen verlangen. Die stehen auch den ganzen Flug über im Gang rum, damit sie auch ja jeder sieht. Und dann gibt es richtige Promis, die wirklich sehr nett sind. Michael Douglas ist mal mit uns geflogen, der saß ganz entspannt auf einem Mittelplatz und hat gar kein Aufhebens um sich und seine Person gemacht. Und sogar Dieter Bohlen, den ich im Fernsehen wirklich nicht toll finde, ist an Bord ein sehr angenehmer, entspannter Gast.

Ich denke jedes Mal, wenn ich in den Flieger steige, übers Abstürzen nach. Man verdrängt das dann natürlich während der Arbeit, aber der Gedanke ist schon immer da. Je älter ich werde, umso mehr. Wenn man jung ist, geht man noch viel unbefangener an die Sache ran. Und tatsächlich passiert ja auch wirklich sehr selten etwas. Aber ich kann nicht behaupten, dass ich diese Angst nicht kenne.

Ich habe Kolleginnen, die mit dem Alter richtige Flugangst entwickelt haben. Die waren quasi berufsunfähig, und das erkennt natürlich keine Berufsunfähigkeitsversicherung der Welt an. Das ist furchtbar. Ich bin Mitte vierzig, wenn ich nicht mehr fliegen könnte, was käme dann noch für mich infrage?

Auf Geräusche an Bord achte ich jedenfalls immer. Man bekommt ja auch eine gewisse Erfahrung, was sich normal anhört und was nicht. Und wenn ich etwas höre, was mir suspekt ist, dann melde ich das vorn im Cockpit. Neulich erst, bei einem Flug aus der Türkei zurück nach Deutschland, gab es beim Abheben einen Knall. Und ich dachte sofort: Da ist uns ein Reifen geplatzt! Hab ich auch so nach vorne gemeldet, und die haben dann auch vor der Landung gesagt: »Verstaut mal lieber alles besonders sicher, wer weiß, was noch passiert.«

Das ist ein Horror, so was. Wobei ein geplatzter Reifen noch nichts Schlimmes ist. Aber ich weiß aus den Trainings, was mit einem Flugzeug passieren kann, wenn beim Aufsetzen noch ein paar mehr Reifen platzen. Muss natürlich nicht sein, kann aber böse ins Auge gehen. Ist zum Glück alles gut gegangen, und die Passagiere haben das gar nicht groß mitbekommen. Und am Ende hat sich herausgestellt, dass es kein Reifen war, sondern ein Vogel, der uns voll gegen die Flügelwurzel geknallt war. Da war eine richtige Beule drin. Der hätte auch im Triebwerk landen können, dann hätten wir vielleicht ein kaputtes Triebwerk gehabt. Passiert übrigens gar nicht so selten, und wäre weitaus schlimmer gewesen …

Bei sehr starken Turbulenzen geht mir schon manchmal ein bisschen die Muffe, das darf ich vor den Passagieren natürlich nicht zeigen. Die achten auf jede Kleinigkeit, und wenn man da seine Mimik nicht im Griff hat, sorgt man nur für Unsicherheit. Da muss ich absolut professionell bleiben und vor allem dafür sorgen, dass die

Trolleys schnell und sicher verstaut werden. Wenn plötzlich große Luftlöcher kommen, dann knallt so ein achtzig Kilo schweres Teil auch mal an die Decke. Ich bin einmal mit meinem Wagen richtig hinten in die Küche gesemmelt, das gab ordentlich blaue Flecken.

Ich weiß natürlich, dass die Maschinen alle für extreme Belastungen ausgelegt sind und Turbulenzen eigentlich nicht schlimm sind. Aber ich traue da den älteren Maschinen fast mehr als den ganz neuen. Früher wurde einfach robuster gebaut.

Es gibt Flugkapitäne, die fliegen wie die Piepmätze, die haben das schon mit der Muttermilch aufgesogen. Und andere, die lernen es nie. Das ist wie beim Autofahren auch: Es gibt gute und schlechte Autofahrer, und genauso gibt es gute und schlechte Piloten. Für Passagiere ist das nicht zu erkennen, viele glauben ja, eine besonders harte Landung sei keine gute Landung. Aber das ist Unsinn, im Gegenteil, bei bestimmten Wetterverhältnissen ist es sogar sicherer, hart aufzusetzen. Bei mir ist es einfach ein Bauchgefühl, das ich mit den Jahren bekommen habe. Und man hört natürlich auch die Geschichten über manche Kandidaten da vorn.

Ich bin immer froh, wenn eine altersgemischte Crew an Bord ist, ich finde, das wirkt auch seriöser. Manchmal, wenn ich diese Kapitäne sehe, die so Mitte zwanzig sind, denke ich: Oh, Junge, hast du überhaupt schon den Führerschein? Na ja, die können in den neuen Maschinen sicherlich besser mit der ganzen Computertechnik umgehen als die älteren Piloten, aber ich fühle mich trotzdem besser, wenn da auch jemand mit Erfahrung vorne sitzt. Und beim Kabinenpersonal ist es auch nicht anders.

Es ärgert mich, dass die Airlines nur noch junge Mädchen suchen, denen sie dann Zweijahresverträge geben. Die fliegen alle so harte Touren, dass sie das ohnehin nur für eine Weile machen und dann wieder aussteigen und vielleicht studieren gehen. Die Airlines sparen sich so natürlich Übergangsversorgung und Schwangerschaften. Und die Mädchen haben alle Schiss, ihre befristeten Verträge nicht verlängert zu bekommen – also mucken sie nie auf. Das ist aber auch für die Sicherheit an Bord relevant. Manchen Passagieren muss man einfach ein bisschen was entgegensetzen, da darf man keinen Ärger scheuen.

Heutzutage muss man sich ja bei seinem Arbeitgeber für alles rechtfertigen, und ich kann mir vorstellen, dass viele da lieber mal ein Auge zudrücken und keinen Streit suchen, als sich hinterher erklären zu müssen. Ich war zum Beispiel immer froh, wenn Kapitäne genügend Rückgrat hatten, stark alkoholisierte Passagiere wieder auszuladen, wenn die die Nacht vor dem Flug noch am Ballermann feiern waren und von ihren Kumpels schon zum Flughafen getragen werden mussten. Wenn man Pech hat, verpasst man bei so einer Aktion seinen Slot, und da denkt sich sicher mancher: Ach, was soll's, nehmen wir die Schnapsleiche eben mit.

Alkohol an Bord ist ohnehin fatal, weil der Organismus in dieser Druckkabine ganz anders reagiert. Das Gleiche gilt für Leute, die im Urlaub krank werden. Ich kann natürlich verstehen, dass man dann schnell nach Hause will, aber man sollte die körperliche Belastung nicht unterschätzen.

Notfälle an Bord gibt es natürlich immer mal wieder, und ich bin immer froh, wenn zufällig ein Arzt mitfliegt. Aber auch der kann manchmal nichts tun, und es dauert nun mal etwa zwanzig Minuten, bis so ein Flieger von seiner Reiseflughöhe runter zum nächsten Flughafen fliegen kann. Eine Kollegin hatte mal ein kleines Kind an Bord, das an einer Erdnuss erstickt ist. Das will man sich gar nicht ausmalen, was da los war. Die Eltern waren natürlich völlig außer sich, und man konnte in der Luft nichts weiter tun. Bis die Maschine unten war, war das Kind tot.

Es kommt immer mal wieder vor, dass ein Passagier an Bord stirbt. Wenn es möglich ist, legt man ihn hinten in eine der letzten Reihen und deckt ihn zu. Wir haben zwar auch Leichensäcke an Bord, aber ich denke, vor den Augen der anderen Passagiere würde man niemanden in so einen Leichensack stecken.

Es ist immer wieder erstaunlich, wie manche Passagiere auf solche Notfälle reagieren. Einmal war ein Kollege in der Küche damit beschäftigt, einen kollabierten Passagier wiederzubeleben, da kommt ein anderer rein und fragt, ob er noch eine Cola haben kann.

Ein andermal ist ein älterer Herr gestorben, und der Passagier in der Reihe hinter ihm hat dann beim Frühstück gefragt, ob er dessen Portion auch noch bekommen könnte, die wäre ja jetzt übrig. Und ich habe mal einen Typen gebeten, sich woanders hinzusetzen, weil ein kranker Passagier dringend eine ganze Reihe brauchte, um sich hinzulegen. Ich hatte den armen Kerl schon untergehakt, der war richtig schwer und stand kurz vorm Kollaps. Und da fängt dieser andere Typ an, mit mir zu diskutieren, er wolle seinen Platz aber gleich wieder zurückhaben. Da fällt einem nicht mehr viel ein.

Als Passagier hat man ja in der Regel nur die Reihen vor, neben und hinter sich im Blick. Als Flugbegleiter verschiebt sich die Perspektive, ich sehe alles und werde von allen gesehen. Das ist wie auf einem Catwalk, man ist immer präsent. Und ich kann ganz genau dieses Revierverhalten studieren, wie die Leute ihr kleines bisschen Beinfreiheit oder ihre Armlehne gegen den Nachbarn verteidigen. Immer in der Sorge, sie würden benachteiligt. Am Anfang dachte ich manchmal noch: Das ist doch ein Loriot-Sketch hier, die tun doch alle nur so. Aber die Menschen sind so, auf so engem Raum zeigt manch einer sein wahres Gesicht.

Ich glaube, wenn man keinen Spaß am Umgang mit Menschen und vor allem an diesem unsteten Leben hat, dann kann man diesen Job nicht sehr lange machen. Ich bin nie zu Hause, bin manchmal zehn Tage am Stück weg. Und wenn ich in meiner Wohnung ankomme, dann liegt da ein großer Stapel ungelesener Zeitungen und ungeöffneter Post.

Man muss auch einen Partner haben, der das gut aushalten kann. Während der Arbeit bin ich ja auch nicht zu erreichen, man kann mich eben nicht mal schnell auf dem Handy anrufen, wenn etwas ist. Und meinem Freund fällt es manchmal schwer, das zu ertragen, auch weil er kein Fan von E-Mails und SMS ist.

Das Privatleben leidet natürlich unter der Fliegerei. Und es ist ein einsamer Job, weil man selten mit den gleichen Leuten zusammen fliegt. Die Beziehungen zu den anderen Crewmitgliedern sind eher oberflächlich, und irgendwann kennt man eben auch schon alle Geschichten, das wiederholt sich ja auch ständig, was man im Job so erlebt.

Natürlich leidet auch die Gesundheit. Man ist einer großen Strahlenbelastung ausgesetzt, durch die unterschiedlichen Druckverhältnisse werden bei jeder Landung und bei jedem Start die Gedärme ordentlich gequetscht. Und ich arbeite den ganzen Tag in schlechter Klimaanlagenluft, das macht auf Dauer wirklich müde. Dadurch, dass die Maschinen heute viel schneller gedreht werden, sprich nach der Landung wieder startklar gemacht werden, habe ich auch kaum noch richtige Pausen. Oft schiebe ich mir schnell was zu essen rein, während die Reinigungsleute mit Müllsäcken und Staubsaugern durch den Flieger düsen.

Wenn ich häufiger im Monat lange Überseestrecken fliege, nach San Francisco zum Beispiel, dann fühle ich mich richtig durch die Zeit geschossen. Neun Stunden Zeitverschiebung, und das mehrmals im Monat, steckt man nicht einfach so weg, da fehlen mir ein paar Nächte Schlaf. Und manchmal komme ich dann in so einen Zustand, dass ich gar nicht mehr so richtig weiß, ob ich jetzt träume, dass ich da bin, oder nicht. Weil ich morgens noch am Pazifik gefrühstückt habe und ein paar Stunden später bei minus fünf Grad in grauem Wetter aussteige.

Jahreszeiten spielen für mich überhaupt keine Rolle, sie strukturieren meine Zeit nicht, so wie sie das vielleicht für andere Leute tun. Und das ist natürlich auch großartig, denn ich sehe jeden Tag die Sonne. Man darf in diesem Beruf nicht aufhören, zu staunen und sich privilegiert zu fühlen, dass man so viele schöne Flecken der Welt zu sehen bekommt. Wenn es mir gut geht und ich wache an einem Morgen in Kenia auf, wo auf dem Balkon vor meinem Fenster die Affen turnen, und am nächsten Tag sitze ich auf den Malediven an einem paradiesischen Strand, dann denke ich: Ich habe den besten Beruf der Welt. Und noch ein paar Tage später spaziere ich auf der Chinesischen Mauer oder laufe über einen Einheimischenmarkt, auf dem es die unglaublichsten Dinge zu kaufen gibt. Das ist toll, und ich bin dankbar dafür.

Manchmal wünschte ich mir nur, man könnte diese Erlebnisse mit jemandem teilen, Kollegen, die auf derselben Wellenlänge sind und Lust haben, nach einem langen Flug noch in einer fremden Stadt herumzukurven.

Ich will mich wirklich nicht beschweren, und ich möchte auch nicht mit meinen Freunden tauschen, die montags bis freitags immer im selben Büro sitzen. Aber manchmal träume ich tatsächlich von einem richtigen Heim. Einem Zuhause, wo ich nicht nur zwischendurch mal für ein paar Tage zum Schlafen und Wäschewaschen vorbeischaue. Ich träume von einer langen, langsamen Schiffsreise. Fliegen macht die Welt so klein und hektisch. Vielleicht wäre das mal wieder ganz schön, nicht mit achthundert Stundenkilometern unterwegs zu sein.

Flugbegleiter müssen meist eine Mindestgröße von 1,60 m und eine schlanke Erscheinung besitzen. Der Frauenanteil in der Branche liegt bei etwa 70 % +++ »Saftschubse« ist in Deutschland eine umgangssprachliche, abwertende Bezeichnung der Flugbegleiterin. Das Wort wurde sogar in den Duden aufgenommen. +++ Flugbegleiter werden prozentual an den Bordverkäufen beteiligt – vor dem Fall der EU-Zollgrenzen waren das bis zu 1 000 Mark im Monat. Durch den weitgehenden Wegfall dieser Sondereinnahme stagniert das Gehalt von Flugbegleitern. +++ Je nach Fluggesellschaft können Berufsanfängerinnen mit einem Einstiegsbruttogehalt zwischen 1 200 und 1 800 Euro rechnen. +++ Flugpersonal gehört zu den Berufsgruppen, die am stärksten gefährlicher Strahlung ausgesetzt sind. Die Strahlenbelastung auf einem Transatlantikflug entspricht je nach Dauer und Flughöhe etwa vier Röntgenaufnahmen.

»In der Mittagspause ist hier am meisten los.«

Kamilla, 30 Jahre, Prostituierte, erzählt von netten Familienvätern, hässlichen Lieblingskunden und ihren Hemmungen im eigenen Bett.

Ich kann ein bisschen verstehen, dass mich viele Frauen verachten. Schließlich gehen ihre Männer mit mir fremd und erleben all die Dinge, die sie zu Hause nicht bekommen. Wahrscheinlich würde ich das genauso sehen, wenn ich einen anderen Beruf hätte. Aber ich weiß nun mal, wie Männer sind, die können ihre Frauen noch so sehr lieben, ab und zu brauchen sie alle mal einen anderen Körper.

Ich arbeite in Berlin im Freudenhaus Hase, das ist ein Laufhaus im Wedding. Seit ich achtzehn Jahre alt bin, verdiene ich mein Geld mit Prostitution. Und ich habe schon alles Mögliche gemacht: Haus- und Hotelbesuche, Erotikbars, ich habe auch in verschiedenen Bordellen gearbeitet. Nur Straßenstrich kommt für mich nicht infrage, dazu ist mir meine Anonymität zu wichtig. Aber hier gefällt es mir am besten.

Das Prinzip »Laufhaus« kommt mir entgegen: Ich miete ein Zimmer für einen Tag, für das ich dann auch allein verantwortlich bin. Ich weiß, wer auf meinem Bett gelegen hat, und ich kann alles sauber halten, so wie es mir gefällt. Im normalen Bordell teilt man sich die Zimmer mit allen anderen Frauen und nutzt immer eines, das gerade frei ist. Aber da haben dann andere vielleicht geraucht oder nicht richtig sauber gemacht. Hier kann ich mich zurückziehen, wenn ich keine Lust habe, mir die Probleme der Kolleginnen anzuhören. Und wenn unten zur Tür ein Gast reinkommt, den ich nicht bedienen möchte, dann mache ich eben einfach die Tür zu.

Im Laufhaus gibt es keine Bar und auch keinen Vorführraum, wo wir uns den Männern vorstellen. Die Kunden laufen einfach durch die Flure und lernen uns an unseren Zimmertüren kennen. Oder sie gucken nur und gehen dann wieder, das gibt es natürlich auch. Manche sind dabei sehr aufs Aussehen fixiert, andere fragen, welche Extras man anbietet, ob man zum Beispiel Analsex macht.

Eine Stunde mit mir kostet achtzig Euro, Extras kosten mehr. Ich mache eigentlich alles, außer Sadomaso, das macht mich einfach überhaupt nicht an.

Am liebsten mache ich die Frühschicht, von zehn bis sechzehn Uhr. Da bin ich einfach besser drauf als abends, ich bin ausgeschlafen und habe mehr Lust auf die Arbeit. In der Mittagspause ist hier am meisten los. Ich habe viele Stammgäste, und die meisten sind ganz normale Männer und Familienväter. Anwälte, Ärzte, Architekten. Die lieben alle ihre Frauen, die Familie ist ihnen heilig, aber die brauchen eben zwischendurch eine kleine Abwechslung. Und weil sie abends nicht einfach so wegbleiben können, ohne sich ihren Frauen erklären zu müssen, kommen sie eben tagsüber. Manche haben auch seit Jahren eine kranke Frau zu Hause, die keinen Sex mehr haben kann. Oder sie haben im Gefängnis gesessen, haben keinen Anschluss mehr, das gibt es natürlich auch.

Auf Freiern lastet ja generell ein Stigma. Viele denken doch, das sind versoffene Typen, die gehen in den Puff und missbrauchen Frauen. Meine Erfahrung ist das nicht, die meisten sind ganz normal und sehr lieb. Auch dass Südländer aggressiver sein sollen, stimmt nicht. Die geben nur mehr an, wenn sie in Gruppen hier reinkommen, dann reden die in diesem typischen »Ey-Alter«-Slang und spielen sich ein bisschen auf. Aber sobald du allein mit denen auf dem Zimmer bist, werden die handzahm.

Als ich früher im Bordell gearbeitet habe, gab es mehr Probleme mit aggressiven Gästen. Männer aus Kriegsgebieten zum Beispiel, die ticken einfach anders, da wollen viele vor allem eins: mal 'ne Nutte so richtig erniedrigen. Wenn dann noch Alkohol oder Drogen dazukamen, dann wurde das manchmal ziemlich unangenehm. Alkohol geht ja auch auf die Potenz, und viele wurden dann erst recht aggressiv, wenn sie plötzlich nicht mehr konnten. Ich hatte Kolleginnen, die sind von solchen Freiern krankenhausreif geprügelt worden. Mir selber ist das zum Glück noch nicht passiert.

Wenn ich merke, ein Gast ist aggressiv, dann werde ich ganz sanft und provoziere nicht weiter, weil ich weiß, dass ich im Zweifel eh nicht gewinnen kann. Ich habe inzwischen ein gutes Bauchgefühl, ob es mit einem Mann harmoniert oder nicht. Und wenn nicht, dann bediene ich den eben nicht, hier kann ich das ganz allein entscheiden, das ist der Vorteil. Wir haben hier im Laufhaus auch keinen Alkoholausschank, und wenn jemand vor der Tür steht, der offensichtlich betrunken ist, wird er gar nicht erst reingelassen.

So richtig Angst um mein Leben hatte ich eigentlich nur einmal. Das war ein Albaner, der mich zu sich nach Hause bestellt hatte. Er war ziemlich ruppig, und danach wollte er nicht bezahlen und hat mir eine Knarre an den Kopf gehalten. Ich sehe mich noch, wie ich wie in Zeitlupe aus dem Haus rausgehe und die ganze Zeit denke: Jetzt erschießt er mich von hinten.

Damals hatte ich gerade erst angefangen mit der Prostitution, ich habe Haus- und Hotelbesuche gemacht. Ich war achtzehn Jahre alt und total naiv. Von meinem Lohn durfte ich nur ein Fünftel behalten, den Rest hat meine Chefin kassiert. Natürlich hat die mich abgezockt, aber das war mir egal, es war immer noch mehr Geld, als ich mir jemals hätte vorstellen können.

Meine allerersten Kunden waren dann drei alte Opis, die »französisch« gebucht hatten. Ich wusste gar nicht, was das heißt, französisch, es war total peinlich. Niemand hatte mich eingearbeitet oder mir erklärt, wie das denn eigentlich genau läuft mit den Kunden. Da stand ich dann, und die drei mussten mir erst erklären, dass ich ihnen einen blasen sollte. Wenigstens waren die wirklich sehr lieb.

Warum ich überhaupt in die Prostitution gegangen bin? Das Geld hat mich gereizt. Ich denke, das Geld ist für fast alle Frauen der Hauptgrund, sich für diesen Job zu entscheiden – es sei denn natürlich, sie werden von irgendwem gezwungen. Aber ich hatte schon immer Spaß an Sex, und ich wollte eine Grenze überschreiten. Für mich kam ein langweiliges Durchschnittsleben nicht infrage.

Zwischendurch habe ich ein paar Jahre Pause gemacht, weil ich eine Ausbildung zur Krankenpflegerin absolviert und ein Kind bekommen habe. Und in dieser Zeit hat mir etwas gefehlt. Essen, schlafen, Miete bezahlen – das war mein Leben. Jetzt verdiene ich sehr viel mehr Geld. Und ich mache meinen Job wirklich gern, hier kann ich alle meine sexuellen Fantasien ausleben. Ich bin von Natur aus geil, habe eigentlich immer Lust auf Sex. Und es gibt mir eine große Bestätigung, dass Männer Geld dafür bezahlen, mit mir schlafen zu dürfen.

Es sind zwei Kriterien, nach denen ich Freier ausschließe: Wenn sie sehr ungepflegt sind und noch Essensreste im Bart hängen haben und wenn sie laut und aggressiv wirken. Ansonsten sind mir im Job Äußerlichkeiten nicht so wichtig. Was soll ich mit einem netten Schönling, der nicht ficken kann?

Viele Männer sehen wirklich gut aus, haben aber keine Eier in der Hose, die sind die totalen Langweiler im Bett. Und manche sind hässlich oder behaupten, sie hätten noch nie mit einer Frau geschlafen, und sind dann so gut, dass man das eigentlich kaum glauben kann. Ich habe zum Beispiel einen Stammkunden, der ist wirklich sehr unattraktiv. Aber ich freue mich immer, wenn ich ihn unten zur Tür reinkommen sehe, weil der wirklich der Hammer im Bett ist. Mit dem habe ich immer sehr viel Spaß.

Am liebsten sind mir die Kunden zwischen dreißig und fünfzig. Die ganz Jungen sind viel zu sehr mit sich und ihrem Körper beschäftigt, die rammeln kurz rum, spritzen ab und denken, sie seien die größten Liebhaber. Viele kennen halt nicht viel mehr als Pornos und ein bisschen Handarbeit und vergessen, dass da ja auch noch eine Frau mit ihnen im Bett liegt. Dann denke ich immer: Junge, wenn du das so auch mit deiner Freundin machst, dann wird das nichts mit euch beiden.

Die etwas erfahreneren Männer geben sich oft sehr viel Mühe mit mir. Ich erwarte natürlich nicht, dass mich ein Gast zum Orgasmus bringt, aber wenn er es tut, dann freue ich mich, das macht das Arbeiten leichter. Und die Männer macht das ja auch an, wenn sie merken, dass ich auch Spaß an der Sache habe.

Ich behalte immer die Kontrolle über das, was im Bett geschieht. Ich bin es, die die Situation lenkt, ich habe in der Hand, wann ein Mann kommt, ich kann mit seiner Lust spielen. In gewisser Weise übe ich eine Macht über die Männer aus, und das macht mir Spaß. Und den Männern gefällt das, wenn eine Frau die Initiative ergreift und sich nicht einfach nur flach hinlegt und ihn machen lässt. Das haben sie ja zu Hause, dazu müssen sie nicht in den Puff.

Die meisten Männer stehen zum Beispiel total auf Analsex, aber die wenigsten normalen Durchschnittsfrauen machen das. Ich mache es gern und biete das den Kunden auch an, wenn sie sich nicht trauen, selber danach zu fragen.

Natürlich unterscheide ich zwischen privatem und beruflichem Sex. Zu Hause mit meinem Partner bin ich sehr kuschelig und romantisch. Natürlich wird mit den Jahren die Leidenschaft weniger, dafür wächst die Liebe. Und Sex mit Gefühlen ist schön, aber nicht so anregend. Hier im Puff habe ich wilden, versauten, sexy Sex, bei dem ich alles ausprobiere. Natursekt, Dildospiele, Analsex – hier lebe ich alle Fantasien aus, ohne mich zu schämen. Ich lasse mich gehen und tobe mich aus. Es gibt so Tage, an denen mich die Hormone richtig durchspülen, da muss ich gar nicht kuscheln. Hier ist mir egal, was die Leute denken, die kennen mich ja nicht. Aber zu Hause … da schäme ich mich manchmal zu sagen, was ich will. Da bin ich viel gehemmter, mal was auszuprobieren, alles um mich herum zu vergessen und richtig wild, laut und hemmungslos zu sein. Und das geht den Männern, die hier zu mir kommen, doch genauso.

Es ist einfach etwas anderes, mit jemandem zu schlafen, mit dem man am nächsten Morgen zusammen frühstückt und vielleicht die Schulprobleme der Kinder bespricht. Und es gibt Sachen, die viele Männer ihren Frauen auch nicht zumuten wollen und dann lieber gar nicht erst darum bitten.

Manchmal denke ich, wie schade das eigentlich ist, dass sich das so schwer vereinbaren lässt – eine langjährige Beziehung und aufregender Sex. Dieser Konsenssex ist ja auch für die Frauen langweilig. Hinlegen, ein bisschen Rein-raus, da fühlt man sich doch wie ein Spülbecken für Sperma.

Aber ich verstehe die Frauen, die ein Problem damit haben, wenn sie herausfinden, dass ihre Männer bei einer Prostituierten waren. Ich wäre auch verletzt, wenn ich wüsste, mein Mann erlebt so etwas mit einer anderen Frau, ich bin ja nicht aus Holz. Privat kann ich auch nicht in Swingerclubs gehen, dazu bin ich viel zu eifersüchtig. Aber wenn ich herausfinden würde, dass mein Mann im Bordell war, dann könnte ich ihm das eher verzeihen, als wenn er eine Affäre mit einer Kollegin oder der Nachbarin anfängt. Weil ich weiß, was er hier bekommt: eine physische Dienstleistung, für die er bezahlt. Ich verkaufe ja auch keine Gefühle, sondern nur meinen Körper.

Beziehungen sind immer schwierig in diesem Job. Viele Kolleginnen führen ein richtiges Doppelleben und erzählen ihren Männern gar nicht, was sie machen. So weit gehe ich nicht, aber es ist natürlich kompliziert. Wir reden einfach nicht viel darüber. Mein Gott, welcher Ehemann hätte kein Problem mit meinem Beruf? Immer stehen diese unterschwelligen Vorwürfe im Raum.

Natürlich ist es für einen Partner verletzend zu wissen, dass man mit anderen Männern schläft und auch noch Spaß daran hat – auch wenn es nur professionell ist. Andererseits verdiene ich so nun mal mein Geld, und er wusste das von Anfang an. Es fällt ihm schwer, aber er akzeptiert es. Das muss er auch. Ich bin finanziell unabhängig, und ich tue nichts Verbotenes. Ich klaue nicht, ich verkaufe keine Drogen – es gibt wirklich schlimmere Berufe.

Trotzdem wissen meine Eltern und mein Sohn nicht, was ich mache, sie glauben, ich arbeite immer noch als Krankenschwester. Das ist eigentlich meine größte Angst, dass sie es irgendwann herausfinden und mich dafür verurteilen.

Ich rede auch mit meinen Kunden nicht über mein Privatleben. Dabei kann ich ja nur verlieren: Wenn sie fragen, ob ich Single bin, und ich sage Ja, dann habe ich sie vielleicht als Stammgast gewonnen, aber einige werden immer versuchen, mich auch privat zu treffen. Und wenn ich das dann ablehne, sind sie beleidigt und kommen gar nicht mehr. Wenn ich aber erzähle, dass ich verheiratet bin, dann sagen alle: Was ist das für ein furchtbarer Mann, der dich anschaffen gehen lässt? Ich werde so oder so verurteilt, also rede ich nicht darüber.

Es gibt auch immer mal Kunden, die sich in mich verlieben. Einer kam jeden Tag zu mir und wollte irgendwann gar keinen Sex mehr, sondern nur reden und kuscheln und knutschen. Aber ich küsse keine Kunden, das mache ich wirklich nur mit meinem Mann. Und die Emotionen machen das Arbeiten schwierig, ich kann mich auf so was nicht einlassen, das beschäftigt mich zu sehr. Also habe ich einfach die Tür zugelassen, wenn er kam, und irgendwann hat er dann aufgegeben.

Wenn ich offizielle Formulare ausfülle, schreibe ich als Beruf »selbstständige Masseurin«, so bin ich auch beim Finanzamt gemeldet. Natürlich wissen die auf den Ämtern, was das heißt, und manche gucken dann vielsagend, aber die können mir gar nichts, ich zahle meine Steuern wie jeder andere Mensch auch. Ich lebe nicht vom Staat und sorge für mein Kind, darauf bin ich sehr stolz.

Manchmal wünsche ich mir ein bisschen mehr Respekt für Frauen wie mich. Viele von uns finanzieren mit diesem Job ganze Großfamilien in ihrer Heimat, viele sind alleinerziehende Mütter, die für ihre Kinder sorgen, weil die Väter sich weigern zu bezahlen. Wir sind Dienstleisterinnen, so wie Friseurinnen und Krankenschwestern. Diese Doppelmoral regt mich auf. Unter meinen Kunden sind Richter, Polizisten, Ärzte, alles Berufe mit hochmoralischem Anspruch. Aber im Bett hat die Moral nichts zu suchen, da sind wir alle unmoralisch.

Der Vorwurf, der mich am meisten kränkt, ist, dass ich eine schlechte Mutter sei, weil ich Krankheiten mit nach Hause schleppen könnte. So was würde man doch einer Krankenschwester nie vorwerfen, oder? Klar, ich riskiere jeden Tag mein Leben, Kondome können platzen, und ich könnte mich mit HIV anstecken. Aber als Krankenschwester bin ich auch jeden Tag mit Erregern in Kontakt gewesen, da gab es immer die Gefahr, sich zum Beispiel mit Hepatitis zu infizieren. Und auch in anderen Berufen kann man Opfer von Gewalt werden. Wenn man beim Jugendamt oder beim Arbeitsamt arbeitet und da tickt plötzlich einer aus, dann ist man da doch genauso hilflos wie hier im Bordell.

Natürlich gibt es in meiner Branche Probleme mit Drogen, Gewalt und anderen Abhängigkeiten. In der Prostitution geschehen viele schreckliche Dinge. Aber die gibt es auch gleich nebenan, in vielen bürgerlichen Familien. Ich kannte mal einen Arzt, der war ein hoch angesehener, respektierter Mann. Und seine Frau hat er zu Hause behandelt wie Dreck, wie eine Sklavin, er hat sie geprügelt und gedemütigt, sie war finanziell völlig abhängig von ihm. Wer hätte ihr denn geglaubt, wenn sie sich gegen ihren Mann gewandt hätte? Wo hätte sie denn hingehen sollen? So einen Typen nennt niemand einen Zuhälter, obwohl er kein Stück besser ist.

Ich möchte diesen Job noch lange machen, so lange, wie ich Geld damit verdienen kann. Wenn ich irgendwann keine Lust mehr habe oder nicht mehr attraktiv genug bin, dann kann ich immer noch in meinen alten Beruf als Krankenschwester zurück. Das wird so schlecht bezahlt, die suchen immer Leute. Aber ich denke nicht viel über die Zukunft nach, ich lebe jetzt. Ganz nach Martin Luther: »Wenn ich wüsste, dass morgen die Welt untergeht, würde ich heute noch einen Baum pflanzen.«

Ich genieße es, Geld zu haben, ich reise gern und gehe gern essen, ich unterstütze meine Familie in Polen, und meinem Kind soll es an nichts fehlen. Das ist für mich das Wichtigste. Und ich wüsste keinen anderen Job, mit dem ich all das erreichen könnte.

Glaubt man den Schätzungen der Prostituierten-Organisation Hydra, nehmen in Deutschland drei von vier Männern Dienste von Prostituierten in Anspruch +++ Der Dienstleistungsgewerkschaft Verdi zufolge kommen täglich mehr als eine Million Sexkontakte zwischen männlichen Prostitutionskunden und Sexarbeiterinnen zustande. +++ Zur Anzahl der Prostituierten in Deutschland gibt es keine zuverlässigen Angaben. Hydra geht von bis zu 400000 Prostituierten aus. Andere Schätzungen oder Hochrechnungen gehen von niedrigeren Zahlen aus. Die Angaben werden auch dadurch erschwert, dass viele Frauen dieser Tätigkeit nur nebenbei, gelegentlich oder für einen kurzen Lebensabschnitt nachgehen. +++ Mehr als die Hälfte der Prostituierten in Deutschland sind ausländischer Herkunft. Die meisten von ihnen stammen aus Osteuropa, Thailand oder Afrika. Ein großer Anteil von ihnen hat keine Aufenthaltserlaubnis. Viele dieser Frauen werden von kriminellen Banden eingeschleust und dann zur Prostitution gezwungen. +++ Bis zum Jahr 2002 galt die Prostitution in Deutschland als sittenwidrig. +++ Seit dem 1. Januar 2002 gibt es ein »Gesetz zur Regelung der Rechtsverhältnisse der Prostituierten«. Demnach gebührt Prostituierten ihr Lohn für sexuelle Handlungen nun von Rechts wegen. Sie können sich seitdem bei Krankenversicherungen anmelden, eine Steuernummer beantragen und der Dienstleistungsgewerkschaft Verdi beitreten.

»Mit Krebs wird viel Geld verdient.«

Franziska, 56 Jahre, Pharmareferentin, kennt sich aus mit bestechlichen Ärzten und einer gierigen Milliardenbranche.

Ich misstraue Medikamenten. Das ist jetzt vielleicht ein Widerspruch, schließlich arbeite ich für die Pharmaindustrie und überzeuge Ärzte davon, ihren Patienten die Medikamente meiner Firma zu verschreiben. Aber so ist das Leben – voller Widersprüche. Ich bin auf der Suche nach einem guten Heilpraktiker, diese ganze Chemie, die wir uns in den Körper pumpen, kann nicht gut sein. So genau weiß doch auch niemand, welche chemischen Prozesse im Körper wirklich ausgelöst werden durch Medikamente. Und dem will ich mich nicht mehr aussetzen.

Ich vertreibe ein Krebsmedikament für eine große internationale Pharmafirma. Hinter dem Medikament stehe ich auch, weil es wirklich gut ist. Hinter den Methoden meines Arbeitgebers zu stehen, fällt mir dagegen zunehmend schwer.

Seit einiger Zeit arbeite ich wie in einer Drückerkolonne. Ich bekomme jeden Tag eine Liste, und da steht dann, dass ich mindestens acht Ärzte besuchen muss. Das ist richtiges Klinkenputzen, man schaut bei denen zu den

Sprechzeiten in der Praxis vorbei, setzt sich ins volle Wartezimmer, bis man irgendwann drankommt, und erzählt dann von seinem tollen Medikament. Man stiehlt dem Arzt die Zeit, die er eigentlich für seine Patienten braucht. Manche bekommen im Schnitt jeden Tag Besuch von zwei Pharmavertretern, das nervt die natürlich auch. Und besonders viel Umsatz macht man so auch nicht.

Früher hat mir das Arbeiten mehr Spaß gemacht, da hatte ich nicht diese genauen Zielvorgaben, ich konnte freier arbeiten. Ich habe in einem Jahr allein in meinem Einzugsgebiet 1,2 Millionen Euro Umsatz gemacht, ich war wirklich erfolgreich. Weil ich den Ärzten nicht stupide auf den Geist gehen musste, sondern den persönlichen Kontakt suchen konnte. Manchmal habe ich in einzelnen Praxen auch mal am Tresen ausgeholfen, wenn viel los war, oder mal Blutdruck gemessen.

Ich bin gelernte Krankenschwester. Und so bekommt man natürlich auch einen anderen Draht zu den Ärzten. Ich verkaufe über die emotionale Schiene, und rhetorisch bin ich sehr fit. Ich hatte Kollegen, die waren gelernte Biologen und Chemiker, die waren nicht mal halb so erfolgreich wie ich. Beim Verkaufen geht es nicht um wissenschaftliche Argumente, sondern um persönliches Vertrauen. Und das erwirbt man sich nicht, indem man wie ein Staubsaugervertreter die Praxen abklappert oder mit strengen Vorgaben, wie viele Besuche man pro Tag zu schaffen hat.

In der Firma setzen sie jetzt verstärkt auf junge Kollegen. Die kommen direkt von der Uni, das ist deren erster

Job, da mucken die natürlich nicht auf. Und man muss sagen, dass man immer noch gut verdient in der Pharmabranche. Ein Mediziner zum Beispiel verdient bei uns deutlich mehr als in einer Klinik – und das ohne Achtundvierzig-Stunden-Schichten.

Ich habe viele Jahre als Krankenschwester gearbeitet, aber ich hatte starke Knieprobleme und konnte nicht mehr so lange stehen. Also musste ich mich nach was anderem umsehen, und da hat mich ein Pharmavertreter in der Klinik angesprochen, ob ich nicht in die Branche einsteigen will. Ich weiß noch, wie er sagte: »Macht mal den Medizinschrank auf!«, und die Medikamente seiner Firma nach vorn räumte und die der anderen nach hinten. So läuft das.

Natürlich manipuliert die Pharmaindustrie Ärzte. Das ist kein Geheimnis. Eine Kollegin von mir vertreibt Generika, das sind Kopien mit gleichem Wirkstoff, wie sie bekannte Medikamente haben. Und jeden Abend packt sie dicke Tüten mit Musterpackungen, die sie den Ärzten in die Hand drückt – das ist natürlich illegal. Wir veranstalten Kongresse für Ärzte, da werden auch ein paar Vorträge gehalten, aber das Rahmenprogramm ist vor allem Wellnessurlaub.

Es gibt richtig fiese Ärzte, die verkaufen die Krankheiten ihrer Patienten regelrecht, kassieren zum Beispiel ein irres Geld für Anwendungsbeobachtungen. Da wird dann einer Reihe von Patienten ein bestimmtes Medikament verschrieben und die Wirkung genau dokumentiert. Das ist wichtig, um zum Beispiel die Dosierungsangaben zu verfeinern. Aber oft wird so eine Anwendungsbeobachtung nur missbraucht, um den Medikamentenabsatz in die Höhe zu treiben und den Arzt bei der Stange zu halten.

Ich denke, schmieren und schmieren sind zweierlei. Ich kenne zum Beispiel einen Arzt, der toll ist, der wirklich alles zum Wohle seiner Patienten tun würde. Aber der brauchte nun mal einen Laptop, um eine Anwendungsbeobachtung für mich zu machen. Und den hat er dann auch von mir bekommen, dafür konnte ich in seine Patientenakten gucken. Ich denke, dadurch entsteht den Patienten ja kein Schaden, schließlich habe ich Schweigepflicht.

Ich versuche auch, Ärzte als Berater für meine Firma zu gewinnen. Wir profitieren von deren Know-how, und die Ärzte verdienen sich in ihrer Freizeit noch was dazu. Ein Gewinn für beide Seiten.

Natürlich gibt es Krankheiten, die für die Pharmaindustrie lukrativer sind als andere. Mit Krebs wird viel Geld verdient, die Gewinnmargen sind riesig. So verkaufe ich eine Ampulle für über hundert Euro, in der Herstellung kostet sie nur ein paar Euro.

Neue Medikamente sind in der Regel auch nicht besser, denn meistens reagiert die Industrie kurz bevor ein Patent ausläuft. Dann wird bei einem Medikament ein kleines Molekül verändert oder irgendwo noch ein Zucker angehängt, und schon verkaufen sie das als brandneues Ergebnis ihrer Forschung.

Es ist alles Marketing. Wird ein neues Medikament in den Markt eingeführt, dann gehen von dem Budget ein

Viertel in die Forschung, drei Viertel ins Marketing. Pharmafirmen wollen zu allererst Geld verdienen, da geht es erst mal nicht um die Patienten. Und meine Firma macht einen Jahresumsatz von fünf Milliarden Euro.

Es gibt Firmen, von denen weiß ich, die machen richtig krumme Geschäfte. Zum Beispiel gibt es in Deutschland Händler, die Medikamente über eine Briefkastenfirma im Ausland einschleusen. So können sie die hier in Deutschland als Importe ausweisen und sparen sich die Mehrwertsteuer. »Graue Apotheken« nennt man diese Firmen, ihre Gewinne teilen sie mit der Pharmaindustrie.

Ich bin für meinen Arbeitgeber ziemlich unbequem geworden, weil ich solche Dinge weiß und auch anspreche. Jetzt drängen sie mich, in Rente zu gehen. Aber ich gehe nicht so einfach, ich habe einen Sohn, für den ich sorgen muss. Ich bin zu jung für die Rente, ich stehe noch voll im Saft und habe noch jede Menge Ideen. Und ich lass mich von denen nicht fertigmachen, dafür haben die mit mir einfach viel zu viel Geld verdient.

Die Pharmaindustrie gibt nur 10% ihrer Einnahmen für Forschung an neuen Medikamenten aus, 40% dagegen für die Vermarktung. +++ Bundesweit ziehen rund 16 000 Pharmareferenten durch die Arztpraxen, um Medikamente zu vermarkten. Die Pharmaindustrie zeigt sich spendabel: Ärzte erhalten für fragwürdige Medikamentenstudien am Patienten hohe Honorare oder auch schon mal Flachbildschirme, Laptops oder Kaffeeautomaten. +++ 120 der rund 315 000 berufstätigen Mediziner in Deutschland ha-

ben sich zur »Initiative unbestechlicher Ärzte« zusammengeschlossen und lassen keine Pharmareferenten mehr in ihre Praxis. +++ Jeder zweite Deutsche nimmt regelmäßig Medikamente. Mindestens 16 000 Menschen sterben allein in Deutschland jährlich durch Nebenwirkungen von Arzneimitteln.

»Wenn sich einer vor den Zug wirft, muss ich raus aufs Gleis.«

Gisela, 45 Jahre, Zugbegleiterin, hat Angst vor jeder Vollbremsung und wäre gern kulanter mit den Gästen.

Ich kann verstehen, dass die Leute oft sauer sind auf die Deutsche Bahn. Da kaufen sie ein Ticket mit Dauer-Spezial-Preis, nehmen aber einen Zug früher, weil sie vielleicht eher aus dem Meeting raus sind, und müssen dann bei mir ein komplett neues Ticket lösen. Das Geld ist dann futsch. Dauer-Spezial-Tickets haben eine Zugbindung und einfach Nachzahlen geht auch nicht. Da werden die Leute von der Bahn unfreiwillig zu Schwarzfahrern gemacht.

Ich wäre gern kulanter und würde mal ein Auge zudrücken, aber ich darf nicht. Ich riskiere meinen Arbeitsplatz, wenn ich es tue. In jedem Zug sitzen Testkunden, die von der Bahn beauftragt sind, uns Mitarbeiter auf Fehler hin zu überprüfen. Die sollen aufpassen, ob wir alle Ansagen pünktlich machen, ob alle Knöpfe an der Uniform ordentlich angenäht sind, ob die Gäste in der Ersten Klasse auch alle ihren Kaffee bekommen. Und natürlich, ob ich ordentlich kontrolliere. Wenn die mitbekommen, dass ich jemanden mit einer falschen Fahrkarte einfach weiterfahren lasse, bekomme ich eine Abmahnung. Auch meine Zange ist personalisiert, wenn ich eine eigentlich nicht gültige Fahrkarte abknipse, und der Kollege, der die Karten nach mir kontrolliert, merkt das, müsste er das auch melden.

Natürlich laden Fahrgäste ihren Ärger erst mal bei uns Zugbegleitern ab. Und ich nehme das nicht weiter persönlich, es sei denn, es geht arg unter die Gürtellinie. Eigentlich wird man in jeder Schicht mindestens einmal wüst beschimpft. Ich sage mir immer, der meint ja nicht mich, der meint meinen Arbeitgeber. Trotzdem, manchmal geht mir das an die Substanz.

Die Angst fährt immer mit. Dass vielleicht jemand mal handgreiflich wird. Ist mir zwar noch nicht passiert, aber es kommt vor. Ich achte immer drauf, die Abteiltüren offen zu lassen, einen Fluchtweg zu haben. Man weiß nie, wie die Leute explodieren können. Manchmal, wenn ich nach der Schicht nach Hause komme, denke ich schon noch über ein paar Situationen nach und frage mich, ob es vielleicht auch an mir gelegen hat. Ob ich mich anders hätte verhalten müssen, damit es nicht zum Streit gekommen wäre. Ich hinterfrage mich da auch selbst. Aber ich rege mich auf, wenn pauschal behauptet wird, wir Bahnmitarbeiter seien immer und grundsätzlich unfreundlich. Das stimmt einfach nicht.

Die meisten Fahrgäste sind sehr nett und höflich. Und wenn einer nicht einfach nur wortlos sein Ticket hinhält oder es mir sogar einfach nur hinschmeißt, sondern mir auch noch eine angenehme Fahrt wünscht, dann freue ich mich, dann ist die Arbeit schön. Ich finde es auch immer toll, wenn Leute ein bisschen Spaß haben auf der Reise. Frauengruppen, die dann an einem Vierertisch eine kleine Tischdecke ausbreiten und einen Piccolo zusammen trinken, das ist doch nett.

Es gibt sogar lustige Fußballfans. Aber je nachdem, wie das Spiel ausgegangen ist, machen die auch sehr viel Ärger. Spritzen überall mit Bier rum, versauen die Toiletten, grölen und werden aggressiv. Ich habe auch schon mit der Bundespolizei einen Zug räumen lassen, weil die Fans völlig außer Kontrolle waren. Da haben wir außerplanmäßig gehalten, die Bundespolizei hat mit dem Megafon die Fußballer aus dem Zug beordert, und dann war Ruhe. Es geht ja auch um die Sicherheit der anderen Reisenden.

Ich glaube, die wenigsten Fahrgäste können sich vorstellen, unter welchem Druck wir arbeiten. Wenn ich auf einem Zug als Zugchefin mitfahre, habe ich kaum eine Minute zum Durchatmen. Vor der Abfahrt teile ich das Team ein, dann steigen wir am Startbahnhof mit den Fahrgästen zu. Als Erstes muss ich in mein Dienstabteil und die Zugfreigabe tätigen. Das heißt, den Lokführer anfunken, um zu testen, ob die Kommunikation funktioniert. Dann in den Schaltkasten gucken, ob irgendwo ein rotes Lämpchen blinkt und anzeigt, dass etwas kaputt ist. Anschließend muss ich wieder raus auf den Bahnsteig, zusehen, dass der Zug pünktlich loskann, und die Türen schließen. Dann schnell ins Bistro und nachfragen, ob alles da ist, ob der Kühlschrank korrekt beladen ist und die Kaffeemaschine funktioniert. Wenn nicht, dann muss schnell improvisiert werden.

Die ersten Fahrgäste rufen ja auch schon nach Kaffee, bevor sie ihren Mantel ausgezogen haben. Aber wir sind ja selber gerade erst an Bord gekommen, das dauert dann einfach noch ein paar Minuten, auch wenn da viele kein Verständnis für haben. Dann schnell in die Erste Klasse, die Gratiszeitungen in die Zeitungsständer packen, dann zurück ins Dienstabteil und meine Ansagen machen. Auf Deutsch und auf Englisch. Ich hatte nie Englisch in der Schule, ich habe damals Russisch gelernt. Wäre schön, die Deutsche Bahn würde den Mitarbeitern mal einen kleinen Englischkurs organisieren, aber da können wir lange drauf warten, fürchte ich. Kostet ja Geld. Umso mehr ärgert es mich, dass sich viele über diese Ansagen lustig machen.

Während der Fahrt bin ich dann für alle Fragen der Fahrgäste da. Ich kontrolliere Tickets, erteile Auskünfte, suche Anschlusszüge raus. Ich mache auch den Service in der Ersten Klasse, bediene die Fahrgäste dort am Platz mit Snacks und Kaffee. Und ich bin zuständig für die Sicherheit an Bord. Auf Tunnelstrecken achte ich besonders darauf, dass möglichst kein Gepäck in den Gängen rumsteht. Wenn da mal was passiert, und der Zug muss schnell evakuiert werden, dann haben wir ein totales Chaos. Ich weiß natürlich, dass es eigentlich viel zu wenig Platz für Gepäck und Kinderwagen gibt in den ICEs. Aber es ist mir lieber, es wird ein bisschen rumgeräumt und umständlich verstaut, als dass die Leute im Notfall über herumstehende Koffer stolpern.

Am schlimmsten sind die Suizide. Das ist der totale Horror. Wenn der Zug eine Vollbremsung macht, dann sticht es mir schon im Bauch, weil ich weiß, was das bedeutet. Für die Lokführer ist das schon schlimm genug, einen Menschen zu überfahren. Wenn sich einer vor den Zug wirft, muss ich raus aufs Gleis. Es ist Aufgabe des Zugchefs, sich eine Warnweste anzuziehen, auszusteigen und nachzuschauen, was passiert ist. Ich bin dann verpflichtet, Erste Hilfe zu leisten, bis die Rettungskräfte kommen. Und das sind Bilder, die man nie wieder aus dem Kopf bekommt.

Am schrecklichsten ist es nachts, wenn man im Dunkeln rausmuss und mit einer Taschenlampe die Achsen und das Gleisbett ableuchten muss, auf der Suche nach Körperteilen. Und wie erleichtert man ist, wenn es doch kein Mensch war, den es da erwischt hat, sondern nur ein Wildschwein oder ein Reh.

Sechs Selbstmörder hatte ich bislang. Meistens konnte ich nichts mehr tun, einer hat überlebt. Der hatte Glück, na ja, wenn man das so sagen kann. Beide Beine hat er verloren, eines habe ich sogar noch gefunden, aber das war so voller Öl und Dreck, das war nicht mehr zu retten. Am nahsten ging mir der Selbstmord eines fünfzehnjährigen Mädchens, genau an dem Tag, an dem es Zeugnisse gab. Ich denke eigentlich nicht viel über die Toten nach oder was sie zu diesem Schritt getrieben haben könnte. Aber bei diesem Mädchen habe ich mir lange Gedanken gemacht, weil ich selber eine Tochter habe, die damals im gleichen Alter war.

Es gibt auch immer mal wieder Unfälle an Bahnübergängen, die zähle ich schon gar nicht mehr. Da ist in der Regel Alkohol oder Leichtsinn im Spiel, die Leute denken: »Ach, da fahr ich noch schnell durch«, und das, obwohl die Schranke unten ist. Die unterschätzen, wie schnell so ein Zug ist.

Es ist unmöglich, diese Bilder wieder loszuwerden. Am schlimmsten ist die erste Nacht danach. Du liegst im Bett und hast das Gefühl, das Bett macht eine Vollbremsung. Man sieht immer wieder vor sich, wie man an den Gleisen entlanggeht, man spürt, wie einem das Herz rast, weil man nicht weiß, was einen erwartet. Ich wünschte, es gäbe einen Schalter, den man umlegen kann, und dann ist das alles aus dem Kopf gelöscht.

Es ist wichtig, dass man viel darüber spricht und sich psychologische Hilfe sucht. Die Bahn gibt uns zwei Tage frei nach solchen Ereignissen, und man kann sich auch an Bahnpsychologen wenden. Aber ich habe mir bislang immer selbst Hilfe gesucht. Ich will mit so etwas nicht zum Betriebsarzt, der arbeitet schließlich für den Arbeitgeber. Die haben natürlich Schweigepflicht, aber es fällt mir da schwerer, mich wirklich zu öffnen.

Ich habe Kolleginnen und Kollegen, die irgendwann zusammengebrochen sind. Die eine ganze Reihe Suizide gut weggesteckt hatten und dann plötzlich von heute auf morgen nicht mehr in einen Zug steigen konnten. Für die ist das Arbeitsleben vorbei, es gibt in der Regel keine andere Verwendung für sie bei der Bahn. Es gibt zwar eine bahneigene Zeitarbeitsfirma, aber da ist man wirklich verloren und verkauft. Die können einen deutschlandweit einsetzen, da, wo sie gerade wollen. Ein normales Familienleben ist so gar nicht mehr möglich. Da gehen einige dann doch lieber zum Arbeitsamt.

Die meisten Fahrgäste sind übrigens sehr verständnisvoll, wenn so ein Unfall passiert. Es ist ganz interessant, wie die Leute, die vorher nichts miteinander zu tun hatten und nie einfach so miteinander ins Gespräch kämen, plötzlich anfangen, sich zu unterhalten. Da werden Kekse rumgereicht und Handys ausgeliehen, eine richtige Notgemeinschaft. Es gibt auch immer welche, die andere Fahrgäste mit aufstacheln, und dann fallen so Sätze wie: »Der ist doch schon tot, warum können wir dann nicht einfach weiterfahren?«

Vor Kurzem hatte ich einen Notfall an Bord, ein älterer Mann ist zusammengebrochen, Herzinfarkt. Wir waren zum Glück in der Nähe eines Bahnhofs, da hat dann schon ein Rettungsteam auf uns gewartet. Der Notarzt musste aber die Erstversorgung bei uns an Bord machen, es hat ein paar Minuten gedauert, bis der Mann transportfähig war. Und da kommt doch wirklich ein Fahrgast zu mir und fragt, ob man den nicht einfach auf den Bahnsteig legen könnte, damit wir schneller weiterkämen. Da bin ich fast geplatzt und hab ihn gefragt, wie er das finden würde, wenn man das mit ihm machen würde?

Alle haben es eilig, alle haben ein wichtiges Meeting, alle müssen ganz schnell irgendwohin. Aber wenn es einen Unfall auf der Autobahn gibt, steht man doch auch im Stau und keiner motzt. Wir Zugbegleiter haben ja auch ein Interesse daran, pünktlich zu sein. Erspart uns eine Menge Ärger mit den Fahrgästen, die ihre Anschlüsse verpassen.

In solchen Stresssituationen ist es toll, wenn man ein gut eingespieltes Team an Bord hat, das sich blind versteht und unterstützt. Früher gab es noch so etwas wie die große Eisenbahnerfamilie. Ein Zusammengehörigkeitsgefühl. Aber seit die Bahn auf Börsenkurs getrimmt wird, kann man von Familie nicht mehr sprechen. Die Manager sorgen dafür, dass nie dieselben Teams zusammenfahren, dass sich alle immer gegenseitig kontrollieren.

Ich bin seit fast dreißig Jahren bei der Bahn, ich habe damals in der DDR noch richtig von der Pike auf gelernt und in alle Bereiche einmal reingeschaut. Das machen die Azubis doch heute alle nicht mehr. Unter den Managern gibt es kaum noch echte Eisenbahner. Wir haben zum Beispiel in manchen Bereichen Gastromanager, die kommen aus der Hotelbranche. Für die geht Service über alles, und plötzlich sollen die Servicemitarbeiter auch mal zwölf Stunden durcharbeiten ohne Pause. So was geht doch nicht!

Die Schichten sind so schon hart genug. Die längsten dauern von Dienstantritt bis Dienstende dreiundvierzig Stunden, mit neun Stunden Nachtruhe. Die Bahn zahlt uns dann ein Hotelzimmer, natürlich nur das billigste. Und Frühstück ist natürlich nicht inklusive. Ich bin auch öfters neun Stunden am Stück auf dem Zug. Da habe ich das Recht auf eine halbe Stunde Arbeitsschutzpause, aber wo soll ich die nehmen? In meinem kleinen Dienstabteil? Zwischendurch ist man nur am Rennen, damit man alles schafft.

Es wird nur noch gespart, Personal abgebaut und immer mehr aus den Leuten rausgepresst. Ich verstehe ja, dass es Einsparungen geben muss. Aber muss man die Leute gleich krank machen? Es gibt Schichten, von München über Frankfurt bis Hamburg, da fahren wir so unterbesetzt, da muss man richtig durchknüppeln. Danach bin ich so fertig, dass ich mich am Bahnsteig erst mal hinsetzen muss, bevor ich mich auf den Weg ins Hotel machen kann.

Gespart wird auch an der Sicherheit, ich will lieber gar nicht so genau drüber nachdenken. Die Standzeiten in den Werkstätten sind viel zu kurz, da bleibt vieles liegen und wird nicht abgearbeitet, weil der Zug möglichst schnell wieder auf die Strecke soll. Kostet den Konzern schließlich Geld, wenn so ein Zug in der Werkstatt steht. Da werden die Fristen extrem ausgereizt, und da kommt auch schon mal von oben die Ansage: »Der Zug ist fahrtüchtig.« Und ich denke: Nein, ist er nicht. Als Zugchefin kann ich einen Zug auch einfach stehen lassen, wenn ich das Gefühl habe, der ist nicht sicher. Wenn er zum Beispiel so überfüllt ist, dass die Federn schon fast auf den Achsen liegen, dann warte ich so lange, bis genügend Fahrgäste wieder ausgestiegen sind.

Ich achte auch sehr auf Geräusche, ob irgendwo etwas ungewöhnlich klappert oder quietscht. Da müssen sich die Fahrgäste keine Sorgen machen, alle Bahnmitarbeiter haben die Bilder der Eschede-Katastrophe im Kopf. Und ich kenne keinen Kollegen, der im Zweifel nicht lieber einen Zug stehen lassen würde, als so ein Risiko noch einmal einzugehen.

Die alten Lokführer, die haben früher noch eine Lok ganz auseinander- und wieder zusammengebaut in der Ausbildung, die kannten sich noch wirklich aus mit allem, was mit dem rollenden Rad zu tun hat. Die jungen Lokführer lernen das heutzutage gar nicht mehr. Die können vielleicht noch gerade eben eine Schwachstelle erkennen, mehr aber auch nicht.

Es gibt Züge, die ich mehr mag als andere. Die alten Intercityzüge zum Beispiel, die sind zwar lauter, aber mir gefallen sie trotzdem sehr. Sie sind geräumig, und man kann sein Fahrrad mitnehmen. Diese neuen ICE-Züge sind so eng wie eine Presswurst, wenn es schaukelt, stoße ich überall an und hole mir blaue Flecken.

Richtig schlecht durchdacht sind auch die Kinderabteile. Die Bahn rühmt sich ja immer damit, so familienfreundlich zu sein. Und in den alten ICE 2 gibt es auch noch richtige Kinderabteile mit einem kleinen Klettergerüst. Die neuen Baureihen haben nur noch normale Mehrzweckabteile, die dann zum Kinderabteil deklariert werden. Und die liegen direkt neben dem Dienstabteil zwischen Erster Klasse und Bistro. Deshalb hört man bei den Ansagen dann so oft schreiende Kinder im Hintergrund. Und wenn ich Am-Platz-Service in der Ersten Klasse mache, muss ich ständig mit einem Tablett mit heißem Kaffee über die spielenden Kinder im Gang steigen. Das ist wirklich gefährlich, und ich habe immer Angst, dass ich stolpere und eines der Kinder verbrühe.

Grundsätzlich freue ich mich immer über Familien im Zug. Über ganz normale Leute, die in Urlaub fahren oder ihre Oma besuchen. Es gibt nur einen Zug, den die Kollegen wirklich nicht mögen, und das ist der Sprinter zwischen Frankfurt und Berlin. Der ist nämlich voller Bahnmanager, die zwischen den beiden DB-Zentralen hin- und herfahren. Die sitzen mit ihren kostenlosen Firmenfahrkarten in der Ersten Klasse und benehmen sich wie Menschen ohne Anstand. »Danke« und »Bitte« sind für diese Leute Fremdwörter. Kommandieren rum, brüllen sofort nach Kaffee, greifen mit beiden Händen tief in die Kisten mit den Gratispralinen und nehmen immer gleich einen ganzen Stapel kostenloser Zeitungen mit. Die denken wahrscheinlich: »Ist ja mein Laden hier, da kann ich mich benehmen, wie ich will.«

Ich weiß, dass viele Kollegen gern versuchen, Sprinter-Dienste zu umgehen. Weil vielen da so der Kamm schwillt, dass sie Angst haben, irgendwann mal zu explodieren und danach ihren Job los zu sein.

Die Bahn befördert täglich 5,1 Millionen Fahrgäste auf der Schiene, davon 300 000 im Fernverkehr. +++ Jährlich registriert der DB-Kundendialog über 400 000 Beschwerden, pro Tag durchschnittlich 1 100. +++ Die Deutsche Bahn AG hat 237 000 Beschäftigte. Davon sind 20 000 Lokführer und 12 000 im Borddienst. Seit 2007 reduziert die Bahn kontinuierlich die Zahl der Zugbegleiter. +++ Fast 900 tät-

liche Angriffe auf Zugbegleiter gib es jährlich, so die Gewerkschaft Transnet. +++ Statistisch begehen in Deutschland jährlich zwischen 800 und 1000 Menschen Suizid, indem sie sich vor einen Zug werfen.

»Man ist halt die Putze.«

Karin, 38 Jahre, Reinigungskraft, weiß mehr über ihre Kunden, als denen lieb sein dürfte.

Für ganz viele Leute bin ich einfach nur 'ne kleine dumme Putzfrau. Mir ist das egal. Die wissen nämlich nicht, was ich alles über sie weiß. Ich räume schließlich deren Dreck weg, und da sehe ich viel, was eigentlich keiner sehen sollte. Ich kenne meine Pappenheimer. Und einige wissen inzwischen auch zu schätzen, dass ich meine Klappe halte und nicht rumtratsche, was ich auf deren Schreibtischen schon alles gefunden habe. Die vergessen nicht mehr, mich auf dem Flur zu grüßen.

Mein Job ist Gold wert, um den beneiden mich viele in meiner Branche. Ich arbeite seit sieben Jahren als Reinigungskraft in einem Redaktionsgebäude, von Montag bis Freitag, jeden Tag sieben Stunden. Das ist ein Glücksgriff in diesem Geschäft, normalerweise werden Frauen da nur für zwei bis vier Stunden pro Tag angestellt, davon kann doch keiner leben. Viele müssen dann zwei, drei Jobs parallel machen, um überhaupt über die Runden zu kommen. Die schuften sich kaputt.

Wenn die Reinigungsfirmen, für die ich arbeite, die

Ausschreibungen für das Gebäude hier verlieren oder aus anderen Gründen rausfliegen, dann versuche ich, von der nächsten Firma übernommen zu werden, um hierbleiben zu können. Dreimal hat das jetzt auch geklappt.

Groß beschweren über meinen Arbeitgeber kann ich mich nicht. Die zahlen Tariflohn und Überstunden. Aber man darf nicht mitdenken oder mal 'ne Frage stellen. Und in der Gewerkschaft sein, so wie ich, das darf man besser auch nicht, das ist denen zu unbequem.

Die meisten Frauen, die da arbeiten, sind Türkinnen, die kaum Deutsch sprechen und sich morgens in der Frühschicht ein bisschen was dazuverdienen. Die mucken natürlich nie auf, und wenn eine mal Ärger macht, dann wird sie halt durch die Nächste ersetzt. Kein Schwein arbeitet die ordentlich ein oder sagt denen, was sie zu tun haben. Die würden sicher ordentlich arbeiten, wenn sich mal jemand die Mühe machen würde, mit denen morgens vernünftig zu sprechen. Macht aber keiner. Stattdessen heißt es oft, das soll ich machen, schließlich hab ich die Tagesschichten, und ich muss dann ausbaden, was die am frühen Morgen nicht hingekriegt haben.

Ich ziehe durch die Flure und schaue, ob die Teeküchen und Toiletten sauber sind, ich fülle Handtücher auf und stehe auf Abruf bereit, wenn irgendwo mal was umkippt oder schnell sauber gemacht werden muss.

Für die meisten Leute bin ich natürlich unsichtbar, die nehmen mich gar nicht groß wahr. Man ist halt die Putze. Aber ich bekomme viel mehr mit, als viele so glauben. Ich weiß genau, wer nach Betriebsfeiern mit wem im Büro verschwindet, ich mach ja schließlich hinterher den Dreck wieder weg. Und ich sehe, welche Seiten die Leute im Internet angucken, wenn ich ihre Schreibtische wische. Bei manchen Mitarbeitern habe ich schon Diensthandys gefunden, die aus Versehen im Mülleimer gelandet sind. Natürlich gucke ich mir die an, und da findet man 'ne Menge pikante SMS. Da denk ich dann: Hey, hätte ich dir gar nicht zugetraut, bist ja eigentlich keine Schönheit. Na, und wenn ich das Handy dann am nächsten Morgen zurückgebe und dem tief in die Augen schaue, dann kannste sicher sein, dass der nie wieder vergisst, mir einen schönen Tag zu wünschen.

Es gibt auch Türen, die morgens ewig verschlossen sind, da weiß ich dann, dass dahinter jemand seinen Rausch ausschläft. Manche habe ich sogar noch zugedeckt und ein »Bitte nicht stören«-Schild draußen drangemacht. Dafür bekommt man dann eben auch mal einen Kaffee spendiert, einer hat sich mal mit einer Flasche russischem Wodka bedankt. Weil die Leute wissen, dass ich so was für mich behalte, ich tratsche nicht. Ich bin diskret und halte mich im Hintergrund. Aber im Gegenzug erwarte ich schon, dass man mich wahrnimmt und dass man mich grüßt.

Ich habe ein ganz stabiles Selbstbewusstsein, wenn Leute pampig zu mir sind, dann lass ich das nicht an mich ran. Und viele merken auch, dass sie sich schlecht benehmen, wenn man einen Scherz drüber macht. Wenn ich zum Beispiel in ein Büro gerufen werde, und ich steh schon in der Tür und höre, wie der Kollege zu jemandem am Telefon sagt: »Du, ich muss Schluss machen, die Putze ist da«, dann mache ich erst mal gründlich sauber, einmal im Uhrzeigersinn, damit ich auch wirklich überall war. Und dann sag ich: »Nicht schlecht, oder? Für so was haben Sie Ihre Putze.« Dann lachen viele peinlich berührt und entschuldigen sich manchmal auch. Früher oder später wollen sie nämlich alle was von mir, dann muss es plötzlich ganz fix gehen. Na, und dann zahlt es sich schon aus, wenn man zwischendurch auch mal ein bisschen freundlich zu mir war.

Ich habe netto im Monat etwa siebenhundert Euro raus, bei Steuerklasse fünf. Der Stundenlohn liegt bei acht Euro fünfzehn, der ist gar nicht so schlecht, aber die Steuer frisst das meiste. Deshalb überlege ich ganz stark, für wen ich mir den Rücken krumm mache. Wenn mir jemand doof kommt, dann springe ich auch nicht sofort. Und wenn jemand nett ist, sich auch mal erkundigt, wie es mir so geht, dann komm ich dem natürlich auch mehr entgegen.

Inzwischen habe ich mir die Leute ganz gut erzogen, die sind eigentlich fast alle sehr nett. Deshalb gehe ich auch jeden Morgen gern zu Arbeit, mir würde schon was fehlen, wenn ich den Job nicht mehr hätte.

In der Branche arbeite ich jetzt seit neunzehn Jahren, seit meine Große auf der Welt ist. Ausgesucht habe ich mir das nicht, zu Ostzeiten wäre ich beinahe Leistungssportlerin geworden. Ich war im selben Kader wie Katrin Krabbe, aber als es dann darum ging, ob ich wirklich ins Leistungsprogramm aufgenommen werde, hieß es, ich sei mit knapp einem Meter sechzig zu klein. Heute denke ich: ein Glück, wahrscheinlich hätten die mich auch mit Medikamenten vollgestopft, und ich wäre irgendwann wegen Dopings vor Gericht gelandet.

Ich habe dann Fleischerin gelernt, aber nach der Wende habe ich keinen Job mehr gefunden. Da hieß es auch jedes Mal: »Sie sind zu klein, Sie können ja nicht mal übern Tresen gucken.« Aber ich glaube, das war nur ein Vorwand, die hätten mich als gelernte Kraft einfach viel besser bezahlen müssen als jemand Ungelerntes. Ich hätte gern noch eine Umschulung zur Gymnastiklehrerin gemacht, aber das war zu teuer. Also habe ich mich auf Zeitungsannoncen beworben.

Meine erste Putzstelle hatte ich dann in einem Hotel, als Zimmermädchen. Das ist ein echter Knochenjob. Man glaubt gar nicht, wie schwer einem die Arme werden, wenn man den ganzen Tag Betten abzieht, Betten frisch bezieht, Betten aufschüttelt und glatt streicht. Und die vielen nackten Menschen, die man ständig sieht! Irgendwann hatte ich gelernt, geduldig zu sein und fünf-, sechsmal zu klopfen.

Es war ein Kongresshotel, und da sind natürlich ständig Leute miteinander im Bett gelandet, besonders in der Mittagspause. Manche haben es sicher auch darauf angelegt und genossen, sich mal vor dem Zimmermädchen nackt zu zeigen. Da kommt man dann ins Zimmer, denkt: »O Gott, so viel Elend am frühen Morgen!«, und geht wieder raus.

Einmal war Whitney Houston zu Gast, unvorstellbar,

in was für eine Kifferhöhle die ihr Zimmer verwandelt hatte – alles verdreckt und vermüllt, da waren wir wirklich ziemlich fassungslos.

Richtig gefreut habe ich mich immer, wenn jemand ein, zwei Euro Trinkgeld dagelassen hat. Einfach als kleine Aufmerksamkeit, damit man zwischendurch auch mal merkt, dass jemand wertschätzt, was man den ganzen Tag macht. Wenn die Hausdame nicht vorher schon alles eingesackt hat, haben wir Zimmermädchen die Trinkgelder zusammengeschmissen und uns dann davon was Schönes fürs Frühstück gekauft. Überhaupt: Das Team war sehr nett, anders hält man diesen Job aber auch nicht lange aus.

Theoretisch braucht man natürlich keine besonderen Fähigkeiten, um als Reinigungskraft zu arbeiten. Putzen tut ja auch jeder mal zu Hause. Aber es kann auch nicht schaden, wenn man nicht völlig blöde ist und sich von Leuten, die das schon länger machen, ein paar Tipps holt.

Man braucht auch ein Auge für bestimmte Sachen. Wenn ich ein Büro gemacht habe, dann steht hinterher der Schreibtischstuhl schön gerade, die Telefonkordel ist nicht verknotet. Das sind so Kleinigkeiten, die viel ausmachen, finde ich. Man betritt doch morgens viel lieber seinen Arbeitsplatz, wenn da alles ein bisschen ordentlich aussieht.

Dann hantieren wir ja auch mit viel Chemie, und da sollte man auch wirklich lesen, was auf den Kanistern steht, und nicht alles einfach pur irgendwo draufkippen. Und man sollte der Chemie auch Zeit geben, zu wirken, aber die Zeit wird einem selten gelassen, in der Branche muss alles schnell und billig gehen.

Überhaupt, was da alles an Chemie in den Abfluss gekippt wird, ist schon heftig, dabei bekommt man vieles auch mit ganz normalen Hausmitteln sauber.

Eigentlich müsste bei manchen Reinigern sogar mit Mundschutz gearbeitet werden, bei Fahrtreppenreinigern zum Beispiel, die alles sauber ätzen. Da heißt es dann manchmal, man sollte damit die Aufzüge säubern, aber die Dämpfe sind so stechend, dass danach kaum jemand mit diesem Aufzug fahren möchte, weil einem die Chemie regelrecht das Wasser aus dem Körper entzieht. Oder man wird angehalten, die Aufzüge mit Öl zu polieren, damit alles schön glänzt, und anschließend versauen sich die Fahrgäste ihre Anzüge, wenn sie sich an die öligen Wände lehnen.

So was ärgert mich, dass sich meine Vorgesetzten da so wenig Gedanken drum machen. Alles muss schnell gehen und darf nichts kosten, egal, ob die Arbeit gut gemacht wird oder nicht. Es gibt auch ganz billige Tricks, ein paar Tropfen Duftkonzentrat in die Ecke, und schon denkt jeder, ah, hier ist frisch geputzt, oh, ist das sauber hier. Dabei ist überhaupt nichts passiert, es riecht einfach nur lecker nach Zitrusreiniger.

Gespart wird natürlich ohne Ende, obwohl von den Chefs der Branche noch gutes Geld verdient wird. Ich bekomme zum Beispiel als Arbeitskleidung genau eine Weste. Und dafür ziehen die mir aber jeden Monat zwei Euro fünfzig vom Lohn ab. Neulich kam mein Vorarbeiter und hat mir erzählt, wir hätten Weihnachten und Silvester frei. Hab ich mich gefreut! Und dann sehe ich, dass die uns dafür einfach so automatisch zwei Tage Urlaub abgezogen haben. Das ist doch das Letzte.

Wegen so was bin ich in die Gewerkschaft eingetreten. Ich will mich wehren und im Zweifel auch mit Paragrafen argumentieren können, wenn die mir doof kommen. Man muss sich nämlich nicht ausbeuten lassen. Bei vielen Kolleginnen denke ich manchmal: Och, Herzchen, warum unterschreibst du denn so einen Vertrag? Haste den denn nicht gelesen? Ganz ehrlich, wer sich ausbeuten lässt und für Hungerlöhne schuftet, ist oft auch ein bisschen selber schuld.

In Deutschland arbeiten im Bereich Gebäudereinigung und Raumpflege rund 916 000 Beschäftigte. +++ Die Berufsgruppe wird nach wie vor von Frauen dominiert: Mit 808 000 Gebäudereinigerinnen und Raumpflegerinnen stellen sie den weitaus größeren Teil, nur 12% der Arbeitnehmer in dieser Berufsgruppe sind Männer. +++ Nur ein Bruchteil der privaten Reinigungskräfte arbeitet legal. 3,3 Millionen Haushalte in Deutschland beschäftigen Haushaltshilfen – neben Putzfrauen auch Babysitter oder Gärtner. Nur 45 000 Hausangestellte sind ordnungsgemäß gemeldet, der Rest verdient, ohne den Fiskus daran zu beteiligen. +++ Ein großer Teil besitzt keine Arbeitserlaubnis für Deutschland. Die Grünen fordern seit Jahren eine »Green Card« für Putzkräfte.

»Mich erstaunt immer wieder, wie skrupellos Männer fremdgehen.«

Elena, 28 Jahre, Hotelfachfrau, über enthemmte Gäste, skurrile Sonderwünsche und warum sie nie ohne Desinfektionsspray verreist.

Ein Fünfsternehotel ist ein eigener Kosmos. Und ich stehe vorn an der Front, in der ersten Reihe. Ich bekomme erst mal alles ab, dafür geht aber auch nichts an mir vorüber. Das ist das Anstrengende, aber auch das Schöne an meinem Beruf, ich würde nichts anderes machen wollen. Nirgends lernt man die Menschen auf eine so spezielle Art und Weise kennen wie in einem Luxushotel.

Seit fünf Jahren arbeite ich jetzt an der Rezeption eines Fünfsternehauses. Hotel ist nichts für jeden. Man muss schon hart im Nehmen sein, sich ein dickes Fell zulegen und eine ganze Menge weglächeln. Und man muss Spaß daran haben, es anderen Menschen nett zu machen, Wünsche zu erfüllen, manchmal vielleicht auch scheinbar Unmögliches möglich zu machen.

Wenn ein Gast bei der Abreise sagt, dass es ihm bei uns gefallen hat, wenn er bemerkt hat, dass ich ihm einen

Obstkorb aufs Zimmer habe stellen lassen, und sich für den Service bedankt, vielleicht sogar ein bisschen Trinkgeld dalässt, dann ist das die schönste Bestätigung für mich.

Im Hotel ist man dauernd mit der ungeschminkten Wahrheit konfrontiert, man lernt viel über Menschen, und man lernt viel über Paare. Mich erstaunt immer wieder, wie skrupellos Männer fremdgehen. Oben liegt die Frau krank im Bett, und der Mann bandelt unten an der Bar mit einer anderen an, mit der er dann aufs Zimmer verschwindet.

Es gibt Situationen, die unangenehm sind, wo wir ein bisschen zwischen die Fronten geraten. Neulich kam eine Frau und sagte, ihr Mann habe bei uns ein Zimmer reserviert und sie wolle ihn überraschen. Ob sie schon mal hoch könnte? Das kam mir merkwürdig vor, und ich habe ihr gesagt, das kann sie gern machen, aber dann muss sie auch als Gast einchecken und einen Meldezettel ausfüllen. Kaum war sie oben auf dem Zimmer, tauchte der Mann auf – allerdings mit einer anderen Dame. Ich musste ihm dann sagen: »Herr Meier, oben wartet Ihre Frau auf Sie. Sollte eigentlich eine Überraschung sein …« Da ging bei denen natürlich erst mal die Kinnlade runter, sie haben sich kurz an die Bar gesetzt und etwas hitzig diskutiert. Die andere Dame ist dann verschwunden, und er ist hoch zu seiner Frau.

Hinterher habe ich mich schon ein klein wenig schlecht gefühlt. Ich hätte den Kerl natürlich auch ins Messer laufen lassen können, hätte er sicher verdient. Letztlich bin ich der Frau ja in den Rücken gefallen, die vielleicht was geahnt hat und jetzt herausfinden wollte, ob ihr Mann sie betrügt. Am nächsten Tag haben sie dann zusammen ausgecheckt, und ich musste die beiden dann noch anlächeln und fragen, ob sie einen angenehmen Aufenthalt hatten.

Diskretion ist superwichtig. Aus dem Grund dürfen wir unseren Gästen nie etwas unaufgefordert hinterherschicken, solange sie nicht anrufen und selbst darum bitten. Es gab mal diesen klassischen Fall, wo ein Azubi eine vergessene Damenbluse an die Adresse des Gastes nachgesandt hat. Da rief dessen Frau an und sagte: »Ich war nie in Ihrem Hotel, und die Bluse gehört mir auch nicht – aber jetzt weiß ich, was mein Mann so auf Dienstreisen treibt!« Ist natürlich peinlich, so was. Unsere Gäste müssen sich darauf verlassen können, dass derartige Hinterlassenschaften diskret behandelt werden.

Hotel enthemmt. Die Leute denken: Hier bin ich anonym, hier kann ich wieder abreisen und muss niemanden je wiedersehen. Da kommen dann Männer in Anzügen vorne an den Tresen und fragen ganz locker, wie sie in den sechsten Stock kommen, da soll irgendwo eine Sexparty steigen. Dann lächle ich freundlich und sage: »Bitte sehr, da vorne sind die Fahrstühle, einfach hochfahren«, und denke mir meinen Teil.

Manche rufen unten bei uns an, weil sie die Pornofilme in unserem Pay-TV-Kanal nicht zum Laufen kriegen, da gehen dann aber netterweise meine männlichen Kollegen gucken. Viele fragen gleich beim Einchecken nach dem nächsten Bordell oder nach einem Escortservice – da verweise ich dann an den Concierge. Und es gibt eine Dame, die bei uns regelmäßig an der Bar sitzt und dort ihre Kunden unter den Hotelgästen findet. Das wissen alle, und wir tolerieren es auch, solange sie das sehr diskret macht und nicht aufdringlich ist.

Es kommt auch immer mal wieder vor, dass jemand auscheckt und sein Zimmer total verwüstet zurücklässt. Und es sind nicht immer unbedingt die Gäste, von denen man es erwartet. Wir sind ein teures Haus, bei uns kann sich wirklich nicht jeder ein Zimmer leisten. Aber da findet man immer wieder Brandflecken, Müll, Erbrochenes in den Ecken.

Ich habe mal ein Zimmer gesehen, da hatte der Gast wirklich seine Exkremente über den ganzen Raum verteilt. Da muss dann ein Spezialtrupp anrücken, so etwas können wir unseren Zimmermädchen gar nicht zumuten. Das ist teuer, und wir belasten mit den Kosten natürlich die Kreditkarte des Gastes.

Wir führen auch eine Schwarze Liste. Und wenn so ein Gast noch einmal wiederkommt und ein Zimmer bei uns haben will, sagen wir gleich: »Sorry, leider alles ausgebucht.« Es gibt ein paar Zimmer, da denke ich, wenn ich die Schlüsselkarten an die Gäste rausgebe: Wenn die wüssten, was in diesem Zimmer schon alles passiert ist!

Wir führen über jeden Gast ein Gästeprofil. Wer schon zehnmal bei uns übernachtet hat, bekommt automatisch einen VIP-Status, und das hat natürlich Vorteile: Man bekommt frische Blumen, frisches Obst und ein persönliches Anschreiben der Geschäftsleitung aufs Zimmer. In den Profilen steht aber auch, ob jemand noch offene Rechnungen hat oder ob es Besonderheiten im Umgang zu beachten gibt: Prominente haben oftmals sehr spezielle Wünsche, auf die wir dann selbstverständlich eingehen. Manche mögen nur ganz bestimmtes Mineralwasser, andere können nur schlafen, wenn die Fenster mit schwarzer Folie komplett abgedunkelt sind. Manche haben natürlich auch bestimmte Sicherheitsanforderungen. Einmal kam eine arabische Prinzessin mit ihrem Hofstaat, da wurden zwei Zimmer nur als begehbare Kleiderschränke genutzt.

Grundsätzlich ist der Kunde König. Ich muss jeden Kundenwunsch erst mal mit der gleichen Freundlichkeit behandeln, egal, ob er nach einem zweiten Kopfkissen fragt oder nach einer erotischen Massage. Was ich nicht zulasse, ist, wenn mich jemand anbrüllt. Es passiert natürlich häufig, dass ich ziemlich blöde angepampt werde. Eine Weile bleibe ich auch freundlich und bemühe mich um eine Lösung. Aber wenn es zu heftig wird, stellt sich mein Chef vor mich und bittet den Gast, sich etwas zu mäßigen.

Wenn Beschwerden kommen, dann bemüht man sich, es wiedergutzumachen. Mit einer Flasche Champagner auf dem Zimmer oder einem kostenlosen Upgrade, das heißt der Gast zieht in ein Zimmer der besseren Kategorie um. Aber es gibt auch Leute, die beschweren sich einfach pro forma, weil sie irgendetwas kostenlos abstauben wollen. Das ärgert mich maßlos, vor allem, weil ich ja trotzdem noch irre freundlich zu denen sein muss. Die keifen mich an wegen irgendwelchen Nichtigkeiten, und ich muss denen was umsonst spendieren und sie hinterher noch fragen: »Kann ich sonst noch etwas für Sie tun?« Und innerlich koche ich. Es gab auch schon Tage, da bin ich nach Dienstende heulend nach Hause gelaufen, einfach, um diesen ganzen Frust loszuwerden.

Es lohnt sich wirklich, als Gast freundlich mit dem Personal umzugehen. Ich habe viele Möglichkeiten, mich bei jemandem erkenntlich zu zeigen, der mich nett behandelt. Ich kann einfach so Upgrades verteilen, ein besonders schönes Zimmer buchen, ich kann auch mal einen Obstkorb aufs Zimmer bringen lassen. Auch bemühe ich mich, die Leute mit Namen anzusprechen, wenn sie ankommen, und viele freuen sich total, dass man sie wiedererkennt.

Vor einiger Zeit ist ein Stammgast bei uns im Haus gestorben. Das war wirklich traurig, er war mit seiner Frau angereist, sie wollten ein schönes Wochenende bei uns verbringen, und plötzlich steht sie völlig aufgelöst im Bademantel an der Rezeption und ruft nach einem Arzt. So was ist natürlich furchtbar, die hat mit ihrem Mann eingecheckt und musste ohne ihn wieder auschecken. Intern nennen wir so was eine »kalte Abreise«. Makaber, ich weiß.

Im Hotel wird natürlich auch viel geklaut. Da gibt es einmal echte Taschendiebbanden, die durch die Lobby ziehen, da muss man sehr aufpassen. Und die Gäste lassen natürlich auch gelegentlich etwas mitgehen. Wenn es nur ein Schokoriegel aus der Minibar ist, der bei der Abreise nicht bezahlt wird, dann lassen wir das auch durchgehen. Wegen einem Euro fünfzig belasten wird die Kreditkarte nicht nach. Aber wenn jemand behauptet, er hätte nichts aus der Minibar gehabt, und dann fehlt hinterher der Champagner oder die Schnapsfläschchen sind mit Leitungswasser wieder aufgefüllt worden, dann berechnen wir das im Nachhinein. Auch wenn jemand die Handtücher und Bademäntel mitgehen lässt.

Einmal hatten wir ein junges Pärchen, das offensichtlich zum ersten Mal in einem Fünfsternehotel war und sich vielleicht dachte: Das soll sich jetzt aber auch lohnen. Die haben beim Housekeeping ein komplett neues Set Bademäntel und Handtücher bestellt, weil angeblich nichts auf dem Zimmer war. Eigentlich dürfen wir natürlich nicht in die Koffer der Gäste gucken, aber unsere Hausdame hatte ein komisches Gefühl und hat nur kurz einen Kofferdeckel angehoben: Und siehe da, da lagen dann unsere Bademäntel und Handtücher. Die haben wir den beiden dann auf die Rechnung gesetzt, so ein Satz kostet nämlich einhundertfünfzig Euro. Und als sie das beim Auschecken bemerkt haben, wurden sie ganz rot, wollten dann ihren Schlüssel noch einmal wiederhaben und sind wieder hoch aufs Zimmer. Da haben sie dann die Sachen wieder aus ihren Koffern geräumt. Das war eigentlich ganz süß.

Auch wenn jemand offensichtlich klaut, sind wir bemüht, das so diskret wie möglich zu handhaben und den Gast auf keinen Fall bloßzustellen. Wenn einer den Fernseher durch die Lobby trägt, bin ich angehalten, ihn freundlich darauf anzusprechen: »Es freut uns, dass Sie Gefallen an unserem Fernseher gefunden haben. Darf ich Ihnen das Gerät auf die Rechnung setzen?«

Seit ich im Hotel arbeite, habe ich natürlich einen ganz anderen Blick auf Dinge, wenn ich selber mal in einem Hotel übernachte. Ich nehme zum Beispiel grundsätzlich ein Fläschchen Sagrotan mit und sprühe alles ein. Weil ich weiß, unter welchem Druck die Zimmermädchen arbeiten müssen. Die nehmen ja nicht jedes Mal einen neuen Lappen, wenn sie die Klobrille putzen, sondern eben den, mit dem sie schon zwanzig andere auf dem Flur sauber gemacht hat.

Und noch etwas: Mir selber kommen Beschwerden schwer über die Lippen. Meine Freunde lachen schon immer, wenn ich in der Kneipe nachfrage, ob mein Essen vielleicht vergessen wurde, und mich noch dreimal dabei entschuldige. Ich kann auch im Restaurant nichts zurückgehen lassen, es ist mir einfach wahnsinnig unangenehm. Weil ich weiß, wie man sich fühlt, wenn Gäste sich beschweren. Da esse ich meine Suppe eben lieber lauwarm.

»Brenner's Park-Hotel« in Baden-Baden ist mit durchschnittlich 352 Euro pro Zimmer das teuerste Haus Deutschlands. +++ Dresden hat unter den Städtereisezielen in Europa die zufriedensten Hotelgäste, London die unzufriedensten, so der »Reputationsindex« des Reiseportals Trivago. +++ Die deutschen Männer geben in Hotels tendenziell mehr Trinkgeld als Frauen. Etwa jeder dritte Mann gibt dem Zimmermädchen zwei Euro oder mehr pro Nacht –

bei den Frauen ist nur etwa die Hälfte so spendabel. +++ Ähnlich ergeht es Pagen: Sie bekommen nur von knapp 6% der Frauen fünf Euro oder mehr pro Gepäckstück, aber von gut doppelt so vielen Männern. +++ Knapp die Hälfte der Reisenden aus Deutschland kann den Verlockungen aus der Minibar nicht widerstehen und gibt dort durchschnittlich 16,40 Euro pro Person und Woche aus. +++ 16% der befragten deutschen Reisenden gaben an, schon mindestens einmal benutzte Produkte aus der Minibar durch günstig nachgekaufte ersetzt zu haben.

»Am schlimmsten sind die Beifahrerinnen.«

Barbara, 42, Politesse, wird jeden Tag wüst beschimpft und liebt ihren Job trotzdem.

Mein Traum war immer, Polizistin zu werden. Ich komme aus einer Polizeifamilie, schon als Kind wollte ich zur Polizei, obwohl die damals noch gar keine Frauen genommen haben. Später bin ich dann mit 0,5 Dioptrien an der ärztlichen Prüfung gescheitert. Hatte den Sporttest und die schriftlichen Tests bestanden, das Bewerbungsgespräch lief auch gut – und dann das. Das war eine Riesenenttäuschung. Also bin ich Politesse geworden, da gehörte man früher ja auch noch zur Polizei. Und das macht mir auch Spaß, ich bereue es nicht, auch wenn sich mein großer Traum letztlich nicht erfüllt hat.

Als ich angefangen habe, vor zwanzig Jahren, da war die Arbeit noch anders. Die Gesellschaft war eine andere, und es gab einen ganz anderen Respekt vor Uniformen. Die Angriffe und Pöbeleien waren deutlich weniger, unser Fokus lag auch mehr darauf, mit den Bürgern verkehrsbelehrende Gespräche zu führen, die sozusagen ein bisschen zu erziehen. Ich denke mal, auch deswegen ist das so ein typischer Frauenberuf – damals hat man hauptsächlich Frauen eingestellt, weil Frauen beruhigender wirken, deeskalieren können, nicht so konfrontativ sind.

Es hatte seine Vorteile, zur Polizei zu gehören. Erstens hatten wir ein ganz anderes Ansehen. Und zweitens haben die Polizisten immer gesagt: »Das sind unsere Mädels, auf die passen wir auf!« Wenn eine Situation mal ungemütlich wurde, und man hat einen Funkwagen angefordert, dann standen da ganz schnell fünf Polizeiwagen mit Blaulicht. War vielleicht etwas übertrieben, wenn es nur um einen Falschparker ging, der nicht bezahlen wollte. Aber es war eben ein anderer Zusammenhalt, wir haben uns sicherer gefühlt auf der Straße.

Seit einiger Zeit gehören wir nicht mehr zur Polizei, sondern zum Ordnungsamt. Unser Arbeitsspektrum ist dadurch viel breiter geworden, wir kümmern uns jetzt nicht mehr nur um ruhenden Verkehr, sondern auch um freilaufende Hunde, Griller, Gehsteigsondernutzung und um Nachbarschaftslärm. Aber das Hauptgeschäft ist und bleibt: Knöllchen verteilen.

Bevor die Schicht losgeht, ziehe ich meine Uniform an, stecke meine Melde- und Notizblöcke und meinen Handcomputer ein, dazu Schlagstock und Pfefferspray. Musste ich beides zum Glück noch nie benutzen, obwohl Übergriffe auf uns Politessen häufig passieren. Kolleginnen sind schon geschlagen und geschubst worden, man wird auch mal bespuckt.

Was täglich mehrmals passiert und woran man sich gewöhnen muss, sind Beschimpfungen und Beleidigungen.

Ich weiß gar nicht, wie oft ich schon gehört habe: »Ich sorge dafür, dass Sie Ihren Job verlieren!« Das muss man einfach an sich abperlen lassen. Einen gewissen Großmut, den muss man sich mit den Jahren einfach zulegen. Es ist manchmal schwierig: Ich bin im Recht, jemand parkt wirklich eindeutig im Halteverbot und beschimpft mich auch noch. Und den dann einfach laufen zu lassen, fällt mir oft schwer.

Wenn es wirklich arg unter die Gürtellinie geht, dann zeige ich den aber auch an. Wobei solche Verfahren in der Regel vor Gericht eingestellt werden. Klar, da geht es aus Sicht des Richters um kleine Summen und um Lappalien. Aber das ärgert mich, weil es mir das Gefühl gibt, dass meine Arbeit nicht wertgeschätzt wird.

So richtig verstehe ich nicht, warum die Leute oft gleich so ausfallend werden. Die wollen doch eigentlich was von mir, nämlich, dass ich ihnen *keinen* Strafzettel schreibe. Und wir haben in Deutschland ein »Kann-Gesetz«, das heißt: Ich muss niemanden aufschreiben. Wenn jemand nett und freundlich ist, sich belehren lässt und auch noch einsichtig ist, dann lass ich den auch mal ziehen.

Wenn ich einen guten Tag habe, ist meine Strategie: Je unverschämter mein Gegenüber, desto freundlicher werde ich. Und irgendwann ändern die auch ihren Ton und sind dann hinterher ganz baff, wenn sie einfach ins Auto steigen und wegfahren können, ganz ohne Strafzettel.

Am schlimmsten sind die Beifahrerinnen. Ich glaube, viele Frauen können das nur schlecht ertragen, wenn eine andere Frau ihrem Mann erklärt, dass er was falsch gemacht hat. Die Männer sind dann oft ganz einsichtig, und dann keift die Ehefrau los: »Draußen laufen Mörder frei herum und Sie kümmern sich hier um solche Lappalien!«

Grundsätzlich kann man vorher nicht sagen, wie die Leute auf Politessen reagieren. Ich bin mal von einem Anzugträger total angeblafft worden, da kamen zwei Punks vorbei und haben gefragt: »Tut der dir was? Sollen wir dem eine aufs Maul hauen?« Und ich hab gesagt: »Danke, Jungs, aber ich komm schon allein klar!« Da hab ich mich schon gewundert, normalerweise sind wir für die linke Szene ja die totalen Hassfiguren, aber man sollte eben nie alle über einen Kamm scheren.

Der Ton macht die Musik, das gilt natürlich auch für uns Politessen. Man darf sich nicht provozieren lassen, selber aber auch nicht provozieren. Gerade bei einigen männlichen Kollegen, die als Quereinsteiger dazugekommen sind, gibt es den Typen »Deutscher in Uniform«. Die fühlen sich plötzlich mächtig, glauben, jetzt seien sie wer, weil sie eine Uniform anhaben. Und da eskalieren dann völlig harmlose Aktionen so stark, dass die Polizei gerufen werden muss und das Ganze vor Gericht landet. Da musste ich schon oft Kollegen oder auch Kolleginnen zur Seite nehmen und sagen: »Jetzt komm mal wieder runter!«

Es gibt auch Leute, die reagieren dermaßen aggressiv auf mich, mit denen lege ich mich nicht an, die lasse ich einfach fahren. Weil ich genau weiß: Irgendwann ist der dran! Dann gerät er an einen Kollegen, der ihm verbal und körperlich mehr gewachsen ist, und dann bekommt er seine Strafe. Bevor es für mich gefährlich wird, mache ich lieber einen Rückzieher.

Es gibt natürlich auch so etwas wie Stammkunden, die erwischt man immer wieder. Darunter einen Gemüsehändler, der jeden Morgen mit seinem Lieferwagen die Busspur blockiert. Oder Nachbarn, die sich ständig gegenseitig anzeigen wegen angeblicher Ruhestörung. Da wird man dann fast wie eine Privatpolizei missbraucht.

Ich bekomme natürlich keine Provision, wie viele glauben. Aber es gibt schon ein bisschen Druck von oben, wenn wir zu wenig Anzeigen bringen. Im Sommer zum Beispiel, zur Ferienzeit, sind viele Leute weg, und dann gibt es für uns natürlich viel weniger zu tun. Da wird schon mal nachgefragt: »Ja, warum gibt es diesen Monat denn so wenig?«

Das Schöne an meinem Job ist: Ich bin den ganzen Tag draußen unterwegs. Daher bin auch fast nie krank, weil ich eben so viel an der frischen Luft bin. So ein Bürojob wäre nichts für mich. Klar, wenn ich am Tag meine Kilometer runtergelaufen habe, dann will ich auch nur noch nach Hause auf die Couch. Und wenn es dreißig Grad draußen hat oder in Strömen gießt, dann macht es auch keinen Spaß. Aber so ein knackig kalter Wintertag, wenn die Luft ganz klar ist, da genieße ich meine Streife.

Schön ist auch immer der Frühlingsanfang. Da sind die Leute gut drauf, und man kann mit allen ganz vernünftig reden. Manche flirten auch mal, das entschädigt dann für die ganzen dummen Sprüche, die man sonst zu hören bekommt.

Es gibt auch Tage, die sind langweilig, weil absolut nichts zu tun ist: Alle Hunde im Park angeleint, niemand im Halteverbot, alle Behindertenparkplätze frei. Ist natürlich gut, wenn sich alle an die Gesetze halten, aber die Zeit geht so langsam vorbei! Bei Großveranstaltungen, wenn man hintereinanderweg falsch geparkte Autos umsetzen lassen kann, vergeht die Zeit wie im Flug.

Was ich gar nicht leiden kann, ist, wenn Erwachsene uns vor ihren Kindern anpampen oder abfällig über uns Politessen reden. Wenn wir sie zum Beispiel darauf hinweisen, dass sie, wenn sie schon in zweiter Reihe parken, um ihre Kinder zur Schule zu bringen, die Kinder dann doch bitte wenigstens nicht zur Straßenseite hin aussteigen lassen sollen. Und dann wird man noch angemault! Was hinterlässt das denn für einen Eindruck bei den Kleinen? Es ist doch wichtig und auch im Interesse der Eltern, dass Kinder uns als Vertrauenspersonen sehen und sich an uns wenden, wenn ihnen auf der Straße etwas passiert.

Schlimm finde ich auch, wenn Rettungswege zugeparkt sind oder die Leute sich beschweren, dass der Verkehr stockt, weil ein Krankenwagen im Einsatz ist und in zweiter Reihe geparkt hat.

Richtig unverschämt sind Fahrradfahrer. Klingeln uns vom Gehsteig runter, auf dem sie gar nicht fahren dürften, fühlen sich immer im Recht. Fahrradkontrollen mache ich überhaupt nicht gern, das ist Sisyphosarbeit. Die Leute lassen sich nicht belehren, Kennzeichen gibt es keine und in den seltensten Fällen rückt einer freiwillig seine

Personalien raus. Und dieses Fahren ohne Licht, dieser Glaube: »Mir passiert schon nichts«, das ist doch Selbstmord.

Eine ganz besondere Spezies sind Diplomaten. Da haben wir leider überhaupt keine Handhabe, die dürfen wirklich machen, was sie wollen. Einmal hatte ich einen Mann, der hat furchtbar geschimpft, weil er dringend zur Arbeit musste und seine Einfahrt zugeparkt war. Da bin ich hin und habe ihm gesagt: »Tut mir leid, das ist ein Diplomatenkennzeichen, da kann ich nichts machen!« Der war arm dran, musste noch drei Stunden warten.

Wenn es ganz eilig ist, ruft man in der Leitstelle an, die telefonieren dann mit der betreffenden Botschaft und fragen ganz lieb nach, ob man nicht bitte, bitte dafür sorgen könnte, dass das Auto weggefahren wird. Oder ob das Umsetzen bezahlt wird. Aber ich kann denen keine Strafzettel schreiben oder das Auto einfach abschleppen lassen, außer einem freundlichen Lächeln bekommen die gar nichts von mir. Und das ist für die betroffenen Bürger natürlich nicht einzusehen.

In der Regel sind es Diplomaten aus Ländern, in denen Verkehrsregeln als nicht besonders wichtig erachtet werden. Die parken dann auch einfach vorm Kaufhaus in der Busspur, und dann muss der Verkehr eben warten, bis die gnädige Frau fertig ist mit ihren Einkäufen. Es wird zwar beim Auswärtigen Amt eine Strichliste geführt, und einmal im Jahr werden an die Botschafter, die sich besonders viel haben zuschulden kommen lassen, mahnende Briefe geschrieben, aber das nutzt gar nichts. Das Auto gehört zu deren Territorialgebiet. Und ich kann ja nicht einfach einen Teil von Ghana oder Usbekistan abschleppen lassen.

Ich finde, mit einem Auto in der Stadt hat man eigentlich nur Stress. Ich sehe ja jeden Tag, wie schwierig das mit den Parkplätzen ist. Deshalb habe ich kein Auto, ich laufe oder fahre mit dem Bus. Ist gesünder, spart Nerven – und Geld!

Politesse ist die Abkürzung für Polizeihostess und soll vermutlich sagen, dass diese Polizeihilfskräfte höflich für Auskünfte zur Verfügung stehen. +++ Politesse ist kein Ausbildungsberuf +++ Fast alle Politessen tragen dunkelblaue Uniformen. +++ Die Gewalt gegen Politessen nimmt seit Jahren insbesondere in den deutschen Großstädten zu. +++ Der Song »Lovely Rita« auf dem Beatles-Album »Sgt. Pepper's Lonely Hearts Club Band« ist eine Hommage an eine Politesse, die Paul McCartney einmal ein Knöllchen geschrieben hat. John Lennon empfand den Song immer als einen der schwächsten des Albums.

»Alle denken: Das bisschen Haareschneiden, das ist einfach.«

Katja, 25 Jahre, Friseurin, über Strähnchen-Unfälle, den Redebedarf ihrer Kunden und anspruchsvolle Kinder.

Ich schaue den Leuten immer auf die Frisur. Berufskrankheit. Ich hab sogar schon meinen Freund angesteckt, manchmal, wenn wir in der Kneipe sitzen oder auf der Straße unterwegs sind, stößt er mich an und sagt: »Schau mal, der Bob da, der ist total schief geschnitten!«

Ich wundere mich oft, wie nachlässig die Leute mit ihren Haaren sind. Da geben manche so viel Geld für Klamotten und ihr Fitnessstudio aus, kaufen aber in der Drogerie irgendeine Billighaarfarbe oder versuchen sogar, sich die Strähnchen selber zu machen. Und das sieht natürlich grauenhaft aus. Friseure machen ja nicht umsonst eine dreijährige Ausbildung. Ich bohr mir ja auch nicht selber in den Zähnen rum, sondern lass das den Profi machen.

Mich nervt, dass alle denken: Das bisschen Haareschneiden, das ist einfach. Ist es nicht. Es ist ein Handwerk. Allein die Technik, mit Daumen und Ringfinger die Schere zu führen, die fließende Schneidbewegung, das muss man lange üben. Und man muss eine Menge über Chemie wissen, wie man die Farben richtig anmischt, wie die einzelnen chemischen Komponenten bei den verschiedenen Haarstrukturen wirken.

Ich habe eine Weile bei so einem Zehn-Euro-»Cut and Go«-Friseur gearbeitet, war überhaupt nicht mein Fall. Die Kunden mussten Nummern ziehen, so wie auf dem Amt, und bekamen dann den Friseur zugewiesen, der gerade frei war. Viele, die da arbeiten, sind noch nicht ausgelernt oder haben gar keine Ausbildung, technisch sind die wirklich oft unterstes Niveau. Und dann bekommt man natürlich auch nur einen Zehn-Euro-Haarschnitt. Als Friseur ist man darauf angewiesen, den Kunden dort noch irgendwelche Zusatzleistungen anzudrehen, also 'ne Farbe oder Strähnchen. Die werden dann auch richtig teuer, so kommen diese Läden auf ihren Schnitt, obwohl die Friseure von den chemischen Abläufen oft erschreckend wenig Ahnung haben. Da wird dann alles in einen Topf gepanscht, mein Chef hat die Oxidantien zum Beispiel immer mit Wasser gestreckt, damit sie länger halten.

Im Fenster steht oft ein Schild »Strähnchen 9 Euro«. Was die Kunden vorher natürlich nicht wissen, ist, dass sie für das Geld nur ein paar Strähnchen ins Deckhaar eingekämmt bekommen, das ist eine Arbeit von zwei Minuten. Richtige Strähnen sind dann schon deutlich teurer.

Oder man fragt den Kunden, ob er eine Sprühkur will, die kostet zwei Euro extra. Sagt er Nein, dann ruppt man ein bisschen grober an den Haaren rum, bis er dann sagt, er möchte vielleicht doch lieber eine Kur. So will ich nicht arbeiten. Außerdem bekommt man da ganz dubiose Verträge, es gibt ein Grundgehalt und dann Provision für jeden Kunden, den man bedient. Mein Chef hat damals eine Strichliste geführt, die seltsamerweise nie mit meiner eigenen übereingestimmt hat. Es wird einfach gnadenlos beschissen.

Jetzt arbeite ich in einem ganz normalen Friseursalon, wir sind zu zweit, meine Chefin und ich. Ich verdiene achthundert Euro brutto im Monat, das ist der Berliner Tariflohn für Friseure. Davon bleiben mir sechshundertdreißig Euro, ich muss nebenbei kellnern gehen, sonst könnte ich davon nicht leben. Ich habe keine Rücklagen, fürs Alter sparen geht überhaupt nicht. Ich hatte mal so einen Riestervertrag, aber die fünfzig Euro haben mir am Monatsende einfach gefehlt. Groß in Urlaub fahren ist auch nicht drin. Es gab Zeiten, da habe ich für meine Katzen Katzenfutter gekauft und für mich selber nichts.

Klar, wenn ich am Ku'damm für Udo Walz arbeiten würde, könnte ich auch mehr verdienen. Aber dafür müsste ich dann irgendwelche B-Promis vollschleimen, das will ich auch nicht.

Alle finden das immer ganz schlimm, dass ich so wenig verdiene. Und dann gibt es hinterher einen feuchten Händedruck und zwanzig Cent Trinkgeld. Oder eine Kundin, die mir neulich erzählt hat, wie schlimm das sei, dass ihr Mercedes Cabrio gerade in der Werkstatt ist und sie nun ihren Zweitwagen benutzen muss. »Jetzt stell'n Se sich mal vor, wenn ich kein zweites Auto hätte! Ja, was hätte ich da denn machen sollen? Ich war doch mit meiner Freundin zum Shoppen verabredet!« Tja, was soll ich dazu sagen?

In dem Laden, in dem ich jetzt arbeite, haben wir sehr gemischtes Publikum. Grundsätzlich behandle ich alle gleich, egal ob das Mäxchen Tüte aus der Pommesbude ist oder eine von den neureichen Muttis hier aus dem Viertel. Da bin ich Dienstleisterin durch und durch, bin zu allen erst mal nett.

Leiden kann ich nur nicht, wenn Leute Termine nicht einhalten und nicht absagen, eine halbe Stunde zu spät kommen und dann erwarten, dass man sie trotzdem gleich drannimmt. Wenn jemand wortlos in den Laden kommt und nicht Guten Tag sagt, vielleicht nur mit den Fingern eine Schnipp-schnapp-Bewegung macht. Da denke ich: Was denn, wollen Sie ein Twix? Ich bin nicht doof, man kann mit mir reden, können die nicht reinkommen und sagen: »Hallo, Müller mein Name, ich hätte gern einen Haarschnitt«?

Ich bediene im Laden eher die Strähnchenfraktion, meine Chefin hat die Dauerwellenkunden. Das sind viele ältere Stammkundinnen, die sind wichtig fürs Geschäft, weil sie jede Woche kommen. Waschen und legen – das ist noch richtig alte Schule, das kann heute gar nicht mehr jeder Friseur. Man muss die Haare waschen und gut eindrehen, dann geht's unter die Trockenhaube. Dann muss man mit Schmackes ausbürsten, föhnen und antoupieren, am Schluss alles festsprühen. Da bewegt sich dann kein Haar mehr, meine Chefin kann das noch richtig gut, das hält dann auch wirklich eine Woche.

Ich föhne am liebsten. Da kann ich mich am meisten austoben und meine eigenen Ideen einbringen. Den

Schnitt mache ich ja, weil der Kunde ihn so haben will. Und ich bin immer etwas enttäuscht, wenn er selber föhnen will. Weil ich dann meine Arbeit so halb fertig aus der Hand gebe. Wozu geht man dann zum Friseur? Ich finde, sich föhnen zu lassen gehört einfach dazu.

Ich selber sehe überhaupt nicht nach Friseur aus, und ich mag es auch bei meinen Kunden lieber natürlich. Außerdem bin ich nicht so der superkreative Typ, der sagt: »So, Frau Schmidt, ich misch Ihnen jetzt mal acht Farben zusammen, und dann machen wir mal was ganz Verrücktes.« Man muss ja auch drauf achten, was die Kundin sonst so für ein Typ ist. Einer grauen Maus, die sich nicht schminkt, würde ich auch keine bunten Strähnchen färben.

Obwohl, einmal hatte ich eine Braut, die war sonst eher ein unscheinbarer, burschikoser Typ. Aber zur Hochzeit wollte sie es mal so richtig krachen lassen, alle ihre Prinzessinnenträume verwirklichen. Was die alles an Schleifchen, Blümchen und Perlchen im Haar haben wollte! Und dann hatte sie noch ein Krönchen dabei! Ich habe ihr gesagt: »Du, mach das lieber nicht. Du wirst dir total verkleidet vorkommen und dich unwohl fühlen.« Aber am Ende hat sie sich durchgesetzt. Sie ist dann an ihrem großen Tag mit einer Kutsche abgeholt worden, hatte ihr Krönchen und den ganzen anderen Klimbim im Haar und sah sehr glücklich aus.

Viele Frauen wollen radikale Veränderungen nach einer Trennung. Von langen blonden Haaren dann auf raspelkurz und schwarz. In der Regel rate ich dazu, erst mal nur eine Sache zu machen. Also nur Haare ab oder nur färben. Hat ja auch keinen Sinn, wenn man sich nach dem Friseur noch elender fühlt als vorher, weil die Verwandlung vielleicht doch zu extrem war.

Früher habe ich auch selber mehr experimentiert mit meinen Haaren, da hatte ich sie auch mal pink, aus Liebeskummer. Und eine Weile war ich auch mal blond. Als ich mir die Haare dann wieder schwarz gefärbt habe, habe ich richtig gemerkt, wie anders die Leute mit mir umgehen. Plötzlich bin ich viel ernster genommen worden, beim Kellnern hatten sie mich ständig mit »Mäuschen« oder »Schätzchen« angesprochen, mit den schwarzen Haaren passierte mir das plötzlich gar nicht mehr. Schon irre, was die Haarfarbe so ausmacht.

Viele haben fast schon Angst zum Friseur zu gehen, weil Friseure angeblich immer zu viel abschneiden, obwohl die Kunden eigentlich nur die Spitzen geschnitten haben wollten. Ich würde natürlich nie einen Schnitt machen, den der Kunde nicht will. Aber man sollte schon klare Ansagen machen: Wenn eine Kundin sagt, sie möchte fünf Zentimeter abhaben, dann zeige ich noch mal, wie viel fünf Zentimeter wirklich sind. Da gehen die Definitionen nämlich weit auseinander.

Es gibt auch ein paar Dinge, da weigere ich mich. Ich würde einer Kundin mit hochblondierten Haaren zum Beispiel nicht auch noch eine Dauerwelle machen – das macht die Haare so kaputt, die kann man dann büschelweise abziehen. Wir nennen so was einen »chemischen Haarschnitt«.

Mit meinen Kunden quatsche ich immer gern. Man erfährt ja auch wirklich eine Menge. Eigentlich müsste man noch ein Psychologiestudium dranhängen an die Ausbildung, die Leute erzählen einem wirklich alles. Einer hat mir mal gesteckt, dass er seine Frau betrügt. Und seine Frau war auch regelmäßig Kundin bei mir! Wenn die wüsste ... Eine andere Kundin zeigt mir immer die versauten SMS von ihrem aktuellen Lover und fragt mich dann, was sie antworten soll. Gerade für die älteren Kunden ist man oft eine der wenigen Bezugspersonen. Eine Kundin ist seit Jahren Witwe und redet immer noch von »wir«, wenn sie aus ihrem Leben plaudert: »Wir gehen später noch spazieren« oder »Wir haben heute spät gefrühstückt«. Am Anfang hat mich das sehr berührt, inzwischen schalte ich auf Durchzug und lass sie einfach erzählen.

Ich habe auch eine Kundin, die glaubt, sie sähe aus wie Julia Roberts. Sie will auch immer die Haare so haben, wie die Schauspielerin sie gerade hat. Und ein Glas warmes Wasser, weil sie glaubt, das würde sie schlank halten. Ein Kunde hat ganz doll Parkinson, der wackelt so stark, dass ich beim Schneiden immer genau die Zitteranfälle abpassen muss – er nimmt das mit Humor, eigentlich ist das immer ganz lustig mit ihm.

Klar gibt es auch unangenehme Kunden. Alkoholkranke, bei denen man es einfach stark riecht. Einer hat sich mal unterm Kittel selbst befriedigt. Den hab ich dann höflich gebeten, damit aufzuhören, den Schnitt noch fertig gemacht und ihn dann rausgeschmissen. Und neulich hatte ich eine Kundin, die war so öko, dass sie sich seit zwei Jahren die Haare nur mit Wasser gewaschen hat – ohne Shampoo.

Was ich gar nicht mag, sind Kinderhaarschnitte. Ich muss mich total herunterbücken, die Kinder zappeln die ganze Zeit, schmieren ihre Rotze an den Kittel und sind zum Teil ganz schön frech. Neulich hatte ich einen Dreijährigen, der ernsthaft anfing, mit mir zu diskutieren, wie ich ihm die Haare zu schneiden habe. Und seine Mutter stand daneben und sagte: »Ja, er ist eine richtige kleine Persönlichkeit, er weiß schon ganz genau, was er will!« Na, super!

Viele Mütter möchten, dass ihre fünfjährigen Töchter so aussehen wie die Kinder von Hollywoodstars. Damals, als Suri Cruise noch einen Bob hatte, kamen ständig Mütter mit der *Gala* in der Hand und wollten das genauso bei ihren Töchtern haben. Aber es ist wahnsinnig anstrengend, einem kleinen Kind, das nie stillhält, einen so exakten Bob zu schneiden oder einen Stufenhaarschnitt. Hinterher bin ich fix und fertig und hab gerade mal fünf Euro daran verdient.

Viele Mütter denken, wenn ich ihnen die Haare schneide, dann bekommt ihr Kind den Haarschnitt umsonst. Aber ich mache so was nicht, ich arbeite nicht umsonst. Wenn ich zu Lidl gehe, sag ich der Kassiererin ja auch nicht: »Ich kaufe hier eine Salami, dafür ziehen sie dann aber die Butter nicht über den Scanner, ja?« Trotzdem bin ich natürlich immer nett zu Kindern, die sind ja die Kunden von morgen. Und ich will natürlich auch deren Mütter nicht vergraulen.

Ich habe damit aufgehört, meinen Freundinnen umsonst die Haare zu schneiden. Und das hat tatsächlich schon eine Freundschaft zerstört. Immer, wenn ich einfach nur zum Quatschen auf einen Kaffee vorbeikommen wollte, hieß es: »Ja, supi, und dann bringst du deine Haarschneidesachen auch gleich mit, ja?« Irgendwann fühlt man sich ausgenutzt.

Jetzt schneide ich wirklich nur noch meiner Familie umsonst die Haare. Meine Mutter hatte sich für meine Abschlussprüfung bereit erklärt, mein Dauerwellenmodell zu werden, obwohl in der Zeit Dauerwellen so was von out waren. Und mein Bruder war so lieb, sich die Haare wachsen zu lassen, damit ich an ihm einen stufigen Fassonschnitt ausprobieren konnte. Das war ein echtes Opfer! Und dafür bekommen sie natürlich bis an ihr Lebensende die Haare umsonst geschnitten.

Es gibt eine Sache, mit der man einen Friseur ziemlich nerven kann: Wenn man sein Handwerkszeug nicht achtet. So eine Friseurschere kostet ab fünfhundert Euro aufwärts, das ist fast ein ganzes Monatsgehalt. Auch das Schleifenlassen kostet richtig Geld. Und wenn dann jemand kommt und sagt: »Ach, mir hängt hier so ein Faden aus dem Pulli, kannst du den mal eben abschneiden?« Das macht mich rasend.

Genauso schlimm sind Trockenhaarschnitte. Männer, die mit dreckigen Haaren hier reinkommen, sich das Geld fürs Waschen sparen wollen und »nur mal eben schnell« einen Trockenhaarschnitt wollen. Das macht mir die Schere stumpf und lässt sich total schlecht schneiden. Außerdem ist es ohnehin ungerecht, dass Männerhaarschnitte so viel billiger sind als Frauenhaarschnitte. Bei Männern muss man viel exakter arbeiten, wenn man so einen Kurzhaarschnitt noch richtig mit Kamm und Schere schneidet.

Das Einzige, was ich wirklich gar nicht kann, sind Bartrasuren mit dem Messer. Ist ohnehin inzwischen verboten, wegen der Aidsgefahr, aber ich habe es noch in der Ausbildung gelernt. Stundenlang musste ich eingeschäumte Luftballons rasieren – sind mir alle geplatzt. Seitdem halte ich mich wirklich lieber an die Schere.

In der Branche arbeiten rund 230 000 Friseure und Friseurinnen. +++ In den rund 73 500 Friseursalons in Deutschland werden überdurchschnittlich viele junge Menschen ausgebildet. Rund 90 % der Auszubildenden sind weiblich. +++ Die Löhne sind gering, besonders im Osten. Während in Bayern eine angestellte Friseurin als Grundlohn 1 384 Euro brutto verdient, sind die Löhne in Ländern wie Mecklenburg-Vorpommern (726 Euro) und Thüringen (614 Euro) seit Jahren beschämend niedrig. +++ Daneben bieten rund 20 000 selbstständige Friseure ihre Leistungen an, die von der Mehrwertsteuerpflicht befreit sind, weil sie offiziell weniger als 17 500 Euro im Jahr umsetzen. Damit können sie billiger sein, was wiederum auf die Preise drückt.

»Dieses Unausgesprochene macht mich fertig.«

Sabine, 43 Jahre, Krankenschwester, würde ihren Patienten gern öfter die Wahrheit sagen dürfen. Zum Beispiel, dass sie sterben werden.

In meinem Beruf steht man immer mit einem Fuß in der Kacke und mit dem anderen im Gefängnis. Einerseits bin ich für Menschenleben verantwortlich. Gerade wenn viel Stress und Hektik ist, kann immer mal was passieren, was nicht geplant war. Und wenn ein Patient in meiner Obhut dadurch Schaden nimmt, hat das natürlich auch für mich Konsequenzen. Andererseits bin ich nicht nur Krankenschwester, sondern für die Patienten ja auch Zimmermädchen, Putzfrau und Kellnerin – und so werde ich manchmal auch behandelt.

Wer krank ist, zeigt manchmal ganz neue Facetten seines Charakters, wir Pfleger bekommen viel Frust ab. Den lassen die Patienten natürlich nie an den Ärzten aus, sondern immer an uns Krankenschwestern. Uns sehen sie ja auch viel öfter. Es gibt so Kandidaten, die klingeln uns an wegen jeder Nichtigkeit. Weil ihnen ein Taschentuch auf den Boden gefallen ist, das wir bitte in den Papierkorb werfen sollen. Oder weil ihnen die Sonne zu sehr ins Zimmer scheint. Alles Dinge, die sicherlich Zeit gehabt hätten, bis ich ohnehin das nächste Mal reingekommen wäre. Das ist dann reine Schikane.

Leider sind es oft die weiblichen Patienten, die sich da als besonders anstrengend erweisen. Die denken sich wahrscheinlich: Zu Hause muss ich immer springen und alle bedienen. Jetzt bin ich krank, jetzt bin ich mal dran!

Es gibt natürlich auch sehr nette und dankbare Patienten, einer schickt uns zum Beispiel schon seit Jahren immer zu Weihnachten einen Präsentkorb auf die Station. Und ich empfinde es immer als die schönen Momente meines Berufes, wenn ich mal die Zeit habe, den Patienten wirklich zuzuhören, mit ihnen zu reden. Dann werden auch die größten Stinkstiefel plötzlich sehr nett.

Wir haben im Moment einen Mann, der schon seit Wochen da ist, weil er eine komplizierte Herz-OP hatte. Bei dem geht es nicht so richtig voran, es will alles nicht gut heilen. Der war gerade dabei, sein Dach zu decken, und jetzt liegt er hier und kann den ganzen Tag nichts tun, das macht den natürlich fertig. Und wenn man das weiß, dann kann man auch verstehen, warum er manchmal so pampig ist.

Was ich überhaupt nicht gut haben kann, ist, wenn Leute ständig betonen, dass sie Privatpatienten sind. Das ist mir egal, bei mir bekommen alle dieselbe Fürsorge. Es gibt auf meiner Station keinen Extraservice oder eine bessere Behandlung. Da entscheidet nicht der Geldbeutel, sondern allein die Krankheit.

Ich arbeite in einem Stuttgarter Krankenhaus auf der Intensivstation. Wir haben sechzehn Betten und sind pro Schicht etwa fünf Pflegekräfte. Wenn ich Frühschicht habe, dann geht es um 6 Uhr 30 los. Die Kollegen aus der Nachtschicht machen eine Übergabe, dann läuft man los und stellt sich den Patienten vor. Checkt alle Monitore, überprüft die Vitalparameter, guckt, ob alle Infusoren richtig eingestellt sind. Dann werden Medikamente verteilt, die Patienten gewaschen, für ihre Operationen oder ein CT vorbereitet. Zwischendurch kommen die verschiedenen Arztvisiten, die meist neue Maßnahmen nach sich ziehen: Hier noch einen Einlauf, da ein neues Medikament und immer wieder Vitalparameter checken.

Ich renne durch die Gegend wie ein Duracell-Hase, wenn ich während der Schicht mal dazukomme, mir im Stehen ein halbes Brötchen reinzupfeifen, dann habe ich schon Glück gehabt. Immer wenn die Weihnachtsschichten verteilt werden müssen, will uns die Verwaltung damit ködern, dass wir dann ja leckere Entekeule in der Kantine zu essen bekommen. Da können wir nur müde drüber lachen. In der Kantine essen gehen, das hab ich schon lange nicht mehr geschafft.

Ich bin während meiner Schicht acht Stunden lang pausenlos am Rennen. Zwischendurch klingelt immer wieder unser REA-Telefon, mit einem sehr schrillen, lauten Ton. Das bedeutet, dass irgendwo im Haus reanimiert werden muss oder der Rettungsdienst jemanden mit dem Krankenwagen bringt. Dann wirft man sich den REA-Rucksack auf den Rücken, in dem sind alle nötigen Geräte und

Medikamente verstaut, schnappt sich den nächsten Arzt und rennt los in Richtung Schockraum.

Beim Reanimieren pumpt einem so viel Adrenalin durch den Körper, dass man alles um sich herum vergisst. Und es ist eine unbeschreibliche Erleichterung, wenn es klappt. Aber oft genug klappt es eben auch nicht, und ein Patient stirbt. Wenn das alte Leute sind, die ihr Leben gehabt haben, dann geht es mir inzwischen nicht mehr so nah. Wenn Kinder oder junge Leute sterben, dann schon eher.

Ich bin jetzt seit mehr als zwanzig Jahren Krankenschwester, da habe ich mir ein ziemlich dickes Fell zugelegt. Es ist mir nicht gleichgültig, aber ich habe gelernt zu akzeptieren, dass man manchmal eben nichts mehr tun kann. Aber wenn Patienten teilweise über mehrere Monate hier waren, dann hat man ja auch ein Verhältnis zu ihnen aufgebaut. Da ist es natürlich traurig, wenn sie sterben. Bei einigen habe ich auch schon überlegt, auf die Beerdigung zu gehen.

Der Umgang mit dem Tod, das ist der große Zwiespalt, in dem man als Krankenschwester immer steckt. Ich weiß zum Beispiel, dass unser Krankenhaus in einigen chirurgischen Feldern nicht besonders gut ist. Patienten werden ständig nachoperiert, und es wird und wird nicht besser, so was tut mir unendlich leid. Aber ich darf den Leuten ja auch nicht sagen: »Hören Sie, gehen Sie damit doch vielleicht besser in ein anderes Krankenhaus, die haben da bessere Chirurgen für Ihren speziellen Fall.«

Genauso ist es, wenn ich weiß, dass die Sache aussichtslos ist. Es ist Aufgabe der Ärzte, das dem Patienten auch zu sagen, und viele drücken sich davor. Dann liegen die Patienten monatelang bei uns, werden immer wieder operiert. Und trotzdem sind sie noch voller Hoffnung und fragen mich: »Wird es denn besser? Mache ich Fortschritte?« Und ich muss dann da so rumeiern, weil ich den Leuten nicht sagen darf: »Tut mir leid, aber Sie werden nicht mehr gesund, Sie werden sterben.« Dieses Unausgesprochene, das macht mich fertig.

Im Moment haben wir bei uns eine einhundertdreijährige Frau auf der Station, der hat man einen Tumor wegoperiert. Niemand von uns versteht das, was soll die denn noch in ihrem Alter auf der Intensivstation? Was tut man der armen Frau da an? Das kann alles gar nicht mehr wirklich heilen, warum kann man die nicht in Würde sterben lassen? Offenbar haben die Ärzte die Tochter um ihre Einverständniserklärung gebeten, aber die ist ja auch schon weit über achtzig. Jetzt liegt diese arme Oma hier bei uns, ist völlig verwirrt, weil sie nicht in ihrer gewohnten Umgebung ist und weil so ein alter Körper sehr lang braucht, um die Narkosemittel abzubauen. Immer wenn ich in ihr Zimmer komme, sagt sie: »Junge Frau, seien Sie so gut, laufen Sie doch für mich dem Bus hinterher, ich kann doch nicht mehr so schnell!«

Es kommt auch vor, dass jemand stirbt, und die Ärzte holen ihn doch noch mal zurück. Da denke ich manchmal: Was soll das jetzt? Lasst den doch gehen, der kann nicht mehr. Was bringt es, den noch unter schweren Bedingungen drei Wochen länger am Leben zu halten?

Manchmal glaube ich, es wäre vielleicht sogar ganz

schön, auf der Palliativstation zu arbeiten. Wo ganz klar ausgesprochen ist: Es geht zu Ende. Und man dafür sorgen kann, es den Patienten so schmerzfrei und angenehm wie möglich zu gestalten. Vielleicht ist das ganz befreiend zu wissen: Hier muss ich kein Leben mehr retten.

Wenn jemand stirbt, dann machen wir natürlich auch die Angehörigenbetreuung. Wir schirmen die ein bisschen ab, damit sie in Ruhe Abschied nehmen können. Wichtig ist, den Angehörigen zu vermitteln, dass es manchmal auch das Beste für den Patienten ist. Ich sage dann: »Geben Sie Ihrem Vater das Gefühl, dass er gehen darf, dass er sich nicht mehr quälen muss.« Man nimmt auch mal Leute in den Arm und bietet einen Kaffee an, je nachdem, wie sehr die uns Krankenschwestern auch an sich heranlassen. Und je nachdem, wie schlimm die uns vorher durch die Gegend gescheucht haben.

Der Umgang mit Angehörigen ist immer sehr speziell. Die sehen natürlich nur sich und den Kranken. Und machen uns das Leben und das Arbeiten manchmal ziemlich schwer. Zum Beispiel hören wir oft den Satz: »Wieso Besuchszeiten? Ich will jetzt aber zu meiner kranken Mutter!« Oder sie drücken gleich dreimal hintereinander auf die Klingel. Ich steh ja nicht als Pförtner an der Tür, sondern versorge Patienten, da kann ich nicht immer sofort wieder aus dem Zimmer stürzen und Türen öffnen. Wenn ich bei jemandem an der Haustür klingele, klingele ich ja auch nur einmal und warte dann kurz ab.

Viele Angehörige hauen natürlich auch erst mal auf den Putz, schon aus Prinzip. Wieso hat mein Vater oder meine Mutter dies und jenes nicht, warum dauert das so lange, wo bleibt der Arzt?, und so weiter. Vieles darf ich mit den Angehörigen gar nicht besprechen, da verweise ich dann an die Ärzte. Aber die haben natürlich auch nicht die Zeit, mit jedem noch mal neu den Zustand des Patienten zu bequatschen, wenn sie das schon der Ehefrau, den Geschwistern und dreien der fünf Kinder erzählt haben.

Was für Angehörige oft ein großer Schock ist, ist, wenn Patienten im sogenannten Durchgangssyndrom stecken. Das ist ein Zustand, der häufig nach Vollnarkosen eintritt. Eine Art Delirium, ausgelöst durch die Elektrolytverschiebung oder den großen Flüssigkeitsverlust, wenn die Patienten viel abführen müssen. Bei manchen liegt es auch am Alkoholmissbrauch.

Der Zustand kann bis zu zwei Wochen dauern: Die Leute erkennen ihre Angehörigen nicht, haben Halluzinationen. Manchmal sind die auch ganz harmlos, dann sehen sie weiße Mäuse an der Wand entlangspazieren, und dann spielt man halt ein bisschen mit und sagt: »Ja, Frau Meier, wirklich süß, die Tierchen!« Aber andere flippen völlig aus. Die sehen Blut von der Decke tropfen. Oder sie bekommen Todesangst, denken, wir wollen sie vergiften, und reißen sich sämtliche Zugänge und Schläuche aus dem Körper. Mich hat mal einer im Eifer des Gefechts so getreten, dass ich eine gebrochene Rippe hatte. Und als ich einmal zu einem randalierenden Patienten rein bin, um ihn zu beruhigen, schmeißt er den Fernseher nach mir.

Für Angehörige ist es natürlich furchtbar, die Patienten so zu erleben. Viele sind völlig aufgelöst und können gar nicht glauben, was sie da sehen und hören. Da muss man die Leute beruhigen, der Zustand geht vorbei, und die Patienten können sich später auch nicht mehr daran erinnern. Manchen ist es im Nachhinein wahnsinnig peinlich, und sie entschuldigen sich tausendmal. Oft werden in diesem Zustand nämlich auch Dinge aus den tiefsten Ecken des Unterbewusstseins nach oben gespült. Da schwingt dann der liebe Opi plötzlich die schlimmsten Naziparolen. Ich habe das mal an meiner eigenen Oma erlebt. Die war eine sehr gottesfürchtige Frau und hat im Krankenhaus dem Pflegepersonal die derbsten Kraftausdrücke an den Kopf geknallt.

Es kommt natürlich auch immer mal vor, dass männliche Patienten anfangen zu tatschen. Gerade beim Umlagern, wenn sie mir ihre Hand auf die Schulter legen sollen, muss ich ab und zu daran erinnern, dass die Schulter ein bisschen weiter oben ist. Je nachdem, wie sympathisch mir der Patient ansonsten ist, versuche ich auch, das mit Humor zu nehmen. Man darf ja nicht vergessen, dass ich auch in deren Intimsphäre eindringe. Als Krankenschwester sehe ich meine Patienten auch nackt, ich wasche sie, ich lege Katheter, ich leere ihre Bettpfannen, mir bleibt wirklich wenig verborgen.

Und natürlich bin ich nicht frei von Ekelgefühlen. Infizierte Wunden zum Beispiel widern mich wahnsinnig an. Diesen Verwesungsgeruch kann ich nur schwer ertragen. Da denke ich schon: O Gott, jetzt muss ich wieder in das

Zimmer rein! Aber das ist auch tagesformabhängig. An manchen Tagen könnte ich direkt hinterherkübeln, wenn sich ein Patient vor meinen Augen erbricht, an anderen Tagen macht es mir gar nichts aus.

Es gibt auch Tage, da lasse ich alle Emotionen mit meiner Schwesternkluft auf der Station. Und an anderen schleppe ich sie mit nach Hause. Da denke ich abends, wenn ich im Bett liege, an bestimmte Patienten und frage mich, ob die es wohl schaffen über Nacht, ob ich die morgen wohl noch mal wiedersehe.

Früher hätte ich nie gedacht, dass ich mal in diesem Beruf landen würde. Nach der Schule hatte ich keine richtige Vorstellung, was ich eigentlich will. Meine Eltern wollten, dass ich irgendeine Verwaltungslehre mache. Ich war sehr still und introvertiert und habe die Idee gar nicht groß infrage gestellt. Zu der Zeit habe ich häufig auf die Kinder unserer Nachbarn aufgepasst, und die Nachbarsfrau hat mich dann mal ins Gebet genommen: »Mensch, Sabine, willst du das wirklich? In der Verwaltung arbeiten, den ganzen Tag im Büro sitzen? Du kannst so toll mit Kindern umgehen, warum wirst du nicht Erzieherin oder Krankenschwester?«

Da habe ich mir zum ersten Mal Gedanken darüber gemacht, was will ich eigentlich? Und so bin ich Krankenschwester geworden, obwohl meine Eltern anfangs ziemlich geschockt waren über meinen Entschluss. Ich glaube, sie haben mir das einfach nicht zugetraut. Aber ich liebe meinen Beruf, auch wenn er manchmal sehr anstrengend ist. Und schlecht bezahlt. Das wurmt mich schon, dass irgendwelche Verwaltungsheinis den ganzen Tag Akten hin und her schieben und dafür dreimal so viel Geld bekommen wie ich. Aber andererseits würde ich mit denen auch nicht tauschen wollen.

Natürlich wird im Gesundheitswesen viel gespart, wir müssen immer mehr arbeiten, haben immer weniger Zeit für die Patienten. Wir haben alle ein Helfersyndrom und springen gern ein, wenn es irgendwo brennt. Aber so steht die Pflegeleitung natürlich auch nie unter Druck, mehr Personal einzustellen. Und auch das Verhältnis zu Ärzten war früher herzlicher. Früher haben gerade die jungen Ärzte mehr auf die Meinung einer erfahrenen Krankenschwester gehört und sich mal einen Rat geholt. Heute ist offenbar auch auf deren Seite der Druck, sich profilieren zu müssen, größer geworden.

Trotzdem wird natürlich auch viel gelacht bei der Arbeit. Wenn man so viel mit Krankheit und Tod zu tun hat, muss man sich einen speziellen Humor zulegen: Auf unserer letzten Weihnachtsfeier hat sich zu vorgerückter Stunde unser Oberarzt auf den Boden gelegt, sein Assistenzarzt saß rittlings auf ihm drauf und hat ihn reanimiert. Und wir Schwestern standen im Kreis um die beiden herum und haben dazu »Yes, we can!« gegrölt.

Seit 1995 wurden beim Pflegepersonal in deutschen Hospitälern 50 000 Stellen gekürzt. Derzeit gibt es noch knapp 300 000 Pflegekräfte in den 2 100 Krankenhäusern. +++ Das Grundgehalt einer Krankenschwester wird teilweise durch abgabenfreie Zuschläge wie Nachtzulagen ergänzt.

Etwa 1 100 bis 2 300 Euro netto verdienen Krankenschwestern monatlich. +++ *Laut einer Studie kann jede zehnte der knapp 1 900 allgemeinen Kliniken in Deutschland die kommenden fünf Jahre nicht mehr wirtschaftlich überleben.* +++ *Arbeitsbedingte Gesundheitsprobleme sind unter Krankenpflegern besonders häufig. Dies ist laut einer Umfrage des Statistischen Bundesamtes vor allem auf Zeitdruck und das ständige Heben und Umlagern der Patienten zurückzuführen.*

»Für viele Männer ist man sowieso Freiwild.«

Bärbel, 30 Jahre, Messehostess, sammelt Telefonnummern, dumme Sprüche über Blondinen und verlorene Eheringe.

Stehen, lächeln, sich gerade halten, hübsch aussehen – manchmal vierzehn Stunden lang ohne Pause, vierzehn Tage am Stück: Das ist mein Jobprofil. Da danke ich dem Himmel jeden Tag für Stützstrumpfhosen und Blasenpflaster. Und dafür, dass das nur ein Nebenjob ist, mit dem ich mir mein Studium finanziert habe. Diese Hostess- und Promotionjobs kann man nicht ewig machen. Sie sind körperlich und psychisch sehr anstrengend und fordern einen geistig überhaupt nicht.

Als ich angefangen habe zu studieren, dachte ich: Messehostess ist ein super Job, man erlebt bestimmt eine Menge. Das stimmt tatsächlich, es macht oft Spaß, und man kommt sehr viel rum. Aber letztlich wird man einfach darauf reduziert, gut auszusehen. Die Leute halten Hostessen grundsätzlich für dumme kleine Blondchen. Sogar manche Auftraggeber, die erklären die einfachsten Arbeitsschritte hundertmal, so als wäre man zu blöd, Papiere zu ordnen, Flyer zu verteilen oder Kaffee auszuschenken. Manchmal habe ich mir einen Spaß daraus gemacht und mich wirklich dumm gestellt. Und es gab auch schon das genaue Gegenteil, dass es nämlich überhaupt keine Anweisungen gegeben hat. Dann hat man mich vor irgendwelche Landwirtschaftsmaschinen platziert und gesagt: »So, mach mal, promote das, erzähl den Kunden was dazu.«

Irre bei solchen Promotion-Aktionen ist die Ramschmentalität vieler Leute. Wenn es irgendetwas umsonst gibt, flippen die aus. Ich habe mal für einen Supermarkt Rosen verteilt, da hätte es fast Prügeleien gegeben. Oder Schlüsselbänder! Ich meine, wie viele Schlüsselbänder braucht der Mensch? Die meisten sind ja auch noch total hässlich, und trotzdem stürmen die Leute den Messestand, halten ihre Tüte hin und sagen: »Bitte für mich und meine Frau und dann noch für meine zehn Kinder und fünfzehn Tanten! Und haben Sie noch Kugelschreiber? Oder Aufkleber?«

Das Krasseste, was ich je erlebt habe, war die Anuga, eine Lebensmittelmesse. Die ist eigentlich nur für Fachbesucher, aber am letzten Tag für vier Stunden auch für normales Publikum geöffnet. Da stürmen die Leute mit großen blauen Müllsäcken durch die Hallen und schaufeln alles rein, was nicht niet- und nagelfest ist.

Einmal habe ich eine Promotion-Aktion für eine Biermarke gemacht, in einem sehr eleganten Kaufhaus. Das war ganz lustig, weil ich vorher meinen Freunden aus der Uni Bescheid gesagt habe und die dann alle bei mir vorbeigekommen sind, auf ein Gratisbier. Wer das natürlich auch sofort spitzgekriegt hat, waren die ganzen Alkis der Umgebung. Die kamen während der gesamten Aktion jeden Morgen um Punkt acht Uhr und wollten dann alle zehn Minuten ein neues Bier, bis ich gesagt habe: »Jungs, so geht das nicht. Ihr bekommt jetzt nur noch eins pro Stunde.« Und dann haben sie sich auch getrollt, standen aber pünktlich zur vollen Stunde wieder vor meinem Stand.

Gerade bei Alkohol fallen natürlich auch bei Männern alle Hemmungen. Dumme Sprüche wie: »Na, willste auch mal an meinem Zapfhahn drehen?« sind da natürlich vorprogrammiert. Und das Outfit, das ich tragen musste, war auch nicht gerade hilfreich: Hotpants und ein Wickeltop, das nur in Größe S geliefert wurde und mir definitiv zu klein war. Da war wenig zu retten, auch nicht mit Sicherheitsnadeln.

Für viele Männer ist man sowieso Freiwild. Die glauben, nur weil man als Hostess nett ist, lässt man sich auch begrapschen. Ich bin nicht auf den Mund gefallen und wehre mich. Und es gibt Hostessjobs, die mache ich inzwischen aus Prinzip nicht mehr. Auf Automessen arbeiten zum Beispiel, wo man sich in superknappen Röckchen auf Motorhauben räkeln soll.

Ich habe auf Messen schon mehrfach Eheringe gefunden, gerade die älteren Herren ziehen die nämlich gern aus, weil sie hoffen, eine von uns ins Bett zu kriegen. An den alten fleischigen Fingern sieht man dann den Ringabdruck noch. Und man bekommt regelmäßig Angebote, doch mal mit auf Segeltörn zu gehen oder einen kleinen

Ausflug im Ferrari zu machen. Ich hatte auch schon einen Auftraggeber, der dann abends im Bademantel vor meiner Hoteltür stand, weil er dachte, das wäre im Service mit inbegriffen. Ziemlich eklig, finde ich, aber es gibt natürlich auch Hostessen, die sich darauf einlassen. Vielleicht, weil sie sich davon bessere Jobs in Folge versprechen.

Spaßeshalber läuft unter den Mädchen auch oft der Telefonnummern-Contest: Wer bekommt an einem Messetag die meisten Nummern zugesteckt? Ist natürlich schön fürs Ego. Und wenn dann eine gewinnt und glaubt, deshalb sei sie die Schönste, denke ich mir manchmal: Ne, du bist vielleicht einfach nur die größte Schlampe von uns. Aber die Schönste sicher nicht.

Es gibt bei Messen und Kongressen immer Jobs, die unter Hostessen begehrter sind als andere. Akkreditierung zum Beispiel ist super, weil man dabei in der Regel sitzen kann. Mikrofondienst will nie eine freiwillig machen, da wird dann meistens gelost. Das ist einfach wahnsinnig langweilig, und man muss sich trotzdem die ganze Zeit konzentrieren und aufpassen, dass man den Kameras nicht durchs Bild läuft, dafür sorgen, dass die Leute immer gleich ein Mikro gereicht bekommen oder der Redner frisches Wasser auf seinem Tisch hat.

Gerade Messen sind oft furchtbar anstrengend, die Arbeit dauert in der Regel zehn oder sogar sechzehn Stunden, und manchmal gibt es auch keine Pause. Bei Messen wie der CeBIT habe ich im Durchschnitt vier Stunden pro Nacht geschlafen. Ohne wirklich gut deckendes Make-up würden an den letzten Messetagen alle Mädchen aussehen wie Zombies. Aber die Kunden erwarten natürlich, dass man die ganze Zeit top aussieht, immer nett und zugänglich ist und auch am nächsten Tag wieder pünktlich erscheint.

Das Schlimmste, was ich je machen musste, war eine Promotion-Aktion für einen vegetarischen Brotaufstrich. Das war körperlich nicht anstrengend, aber unglaublich eintönig. Zwei Monate lang musste ich allein durchs Land reisen, in verschiedenen Städten in Supermärkten stehen und den Kunden beschmierte Cracker anbieten. Die Leute haben darauf gegeiert, als hätten sie monatelang nichts zu essen bekommen. Das war unglaublich öde, übernachtet habe ich in Jugendherbergen. Und nach zwei Monaten dachte ich: Noch ein Cracker, und ich dreh durch!

Womit man als Hostess leben muss, ist, sein Gesicht für ein Produkt herzugeben, hinter dem man nicht wirklich steht. Wenn ich zum Beispiel Leute animieren muss, bei einem Gewinnspiel mitzumachen, und ich weiß genau, dass es im Grunde nicht wirklich was Tolles zu gewinnen gibt, die aber dafür einen Vertrag aufgeschwatzt bekommen, dann tut mir das leid. Aber das ist nun mal meine Aufgabe. Viele beschimpfen einen auch, das sei doch alles Abzocke. Und natürlich haben die damit recht, aber ich kann doch auch nichts dafür.

Wenn ich heute durch Kaufhäuser oder durch die Fußgängerzone laufe und mich ein Promotion-Team anquatscht, dann geht mir das manchmal auch auf die Nerven. Aber ich gebe mir Mühe, nett zu sein, den Leuten einmal in die Augen zu sehen und freundlich zu sagen: »Sorry, ich habe echt keine Zeit!« Ich weiß, wie sich das anfühlt, wenn man die Leute immer mit demselben Text ansprechen muss, und die schauen einfach durch dich durch und gehen weiter. Dieses Ignoriertwerden, das ist fast schlimmer als eine blöde Anmache.

Mein Studium habe ich mittlerweile abgeschlossen, und ich habe das Gefühl, dass ich langsam auch zu alt werde für Hostessenjobs. Das war ganz lustig und interessant für eine Zeit, aber jetzt möchte ich gern etwas machen, was mich geistig mehr fordert. Etwas, wo ich zeigen kann, dass ich was draufhabe und nicht einfach nur gut aussehe. Vielleicht weiß man das auch erst zu schätzen, wenn man so einen Job mal gemacht hat: Wie wichtig es ist, ernst genommen zu werden und nicht nur dafür Geld zu bekommen, weil man den ganzen Tag nett gelächelt hat.

Für Hostessen liegt der Tagessatz zwischen 100 und 150 Euro. +++ Der Großteil der Hostessen sind Studentinnen. Auch Arbeitsagenturen vermitteln Hostessen. +++ Der Job der Messehostess ist klar zu unterscheiden von den Mitarbeiterinnen von Begleitagenturen, die auch oft als Hostessen bezeichnet werden. +++ Silvia Sommerlath war wohl die berühmteste deutsche Hostess. Bei den Olympischen Sommerspielen 1972 in München traf sie ihren späteren Mann Carl Gustaf von Schweden. Heute ist sie Königin von Schweden.

»Meinem Mann gefällt es, dass ich so schön nach Bockwurst rieche!«

Jutta, 39 Jahre, Fleischereifachverkäuferin, über ihren Knochenjob hinter der Theke und warum sie ihr Fleisch nie im Supermarkt kaufen würde.

Ich wollte immer Verkäuferin werden, wollten früher ja alle, doch am liebsten Textilverkäuferin. Viel Auswahl gab's ja in der DDR ohnehin nicht. Also bin ich hier zum KONSUM gegangen, und die haben gesagt: »Lernen Sie doch erst mal Fleisch. Wer Fleisch verkaufen kann, der kann alles verkaufen.« Früher musste man noch das schnelle Kopfrechnen lernen, da wurden wir noch richtig getrimmt. Wenn ich mir unsere Lehrlinge heute angucke, die können nicht mal zwei Beträge zusammenrechnen, die nehmen für alles den Taschenrechner.

Später habe ich lange Jahre hier im Ort in einer Metzgerei gearbeitet, noch vor der Wende. Heute gelten wir Fleischereifachverkäuferinnen ja nicht viel, aber damals waren wir noch richtig wer. Die Kunden waren immer nett zu uns, denn wer nett war, hat auch mal was von unterm Ladentisch bekommen. Mein Chef hat damals heimlich Schinken gemacht, das durfte er eigentlich nicht. Aber zweimal die Woche hing hinten die Räucherkammer voll. Und da kamen schon die Nachbarn und haben lieb gefragt, ob man da nicht was bekommen könnte. Und wenn die Herren vom KONSUM zur Kontrolle kamen, dann haben sie schön kontrolliert und sind alle mit einem Schinken unterm Mantel wieder raus.

Viele Leute finden es ja eklig, mit rohem Fleisch umzugehen. Mich stört es nicht, ich bin auf dem Land aufgewachsen, da hatte man Schweine und Hasen, und die wurden nun mal geschlachtet. Als Kind habe ich mich immer versteckt, damit ich das Quieken der Tiere beim Schlachten nicht so mitkriege. Und mein Vater hat immer gesagt: »Was, und du willst mal Fleischverkäuferin werden?« Viele haben damals immer den Finger in den Blutwurstbottich gehalten und abgeleckt, das fand ich eklig. Und einmal in der Lehre sollte ich ein noch warmes Schweinehirn in eine Schüssel tun, das konnte ich nicht, da bin ich direkt aufs Klo gerannt. Auch Rohes kann ich nicht kosten. Mein alter Seniorchef hat immer zu mir gesagt: »Eine Fleischverkäuferin, die keine rohe Leber essen kann, wird nie eine gute Fleischverkäuferin.« Na, da hat er sich wohl getäuscht.

Der Seniorchef ist letztes Jahr gestorben, das war sehr traurig. Nachdem er in Pension war, hat sein Sohn den Laden noch eine Weile geführt. Kurios war, dass der dann im Metzgerladen gleichzeitig Schlankheitsprodukte verkaufen wollte. Da stand dann neben der Fleischtheke ein Tisch mit diesem Diätzeugs drauf. Und immer, wenn etwas korpulentere Damen oder Herren in den Laden kamen, dann hat er die drauf angesprochen. Das kann man doch nicht machen, oder? Welche Frau lässt sich denn auf ihre Figur ansprechen oder will über eine Diät nachdenken, wenn sie gerade Speck kaufen geht?

Der Laden war innerhalb von wenigen Monaten pleite, ich hab mir dann einen neuen Job gesucht. Seitdem bin ich bei meinem jetzigen Arbeitgeber, einer Metzgerei mit Imbiss in einem Einkaufszentrum.

Wir sind immer fünf Kolleginnen, unsere Schichten dauern acht Stunden. Mein Arbeitstag beginnt morgens um halb sechs und ist erst mal ziemlich stressig, weil ich dann noch ganz alleine bin. Ich räume die ganze Wurst- und Fleischtheke ein, möglichst schick natürlich, muss ja alles nach was aussehen, die Wurst muss immer schön auf eine Höhe geschnitten werden. Dann mache ich Gehacktes und hacke Koteletts. Und wenn dann um sieben die Kolleginnen kommen, kochen wir Essen für den Imbiss: Gulasch, Schnitzel, Buletten, insgesamt etwa zehn frische Gerichte.

Buletten mache ich jeden Tag einen Haufen, so um die fünfzig Stück, das geht richtig in die Arme, ich brauche kein Fitnessstudio. Und ich habe immer eiskalte Finger. Das Fleisch kommt ja direkt aus dem Kühlraum, und da muss ich mit den Händen rein. Zwischendurch halte ich sie immer in warmes Wasser, sonst hält man das nicht aus. Viele bekommen später Gicht deswegen. An der Theke stehen ist ein Knochenjob, sich immer wieder bücken müssen, ich hab schon jede Menge Krampfadern davon bekommen. Das ist eben der Nachteil. Aber ich mache den Job gerne, mir macht er Spaß.

Ich mache auch gern die Frühschichten, weil ich zweite Chefin bin und darauf achten muss, dass beim Essenkochen alles gewinnbringend verarbeitet wird. Fleisch vom Vortag oder Wurstabschnitt muss man ja nicht wegschmeißen, das kommt dann eben in die Buletten oder ins Gulasch. Das ist kein schlechtes Fleisch, dadurch, dass wir so viel verkaufen, ist bei uns alles immer frisch. Aber Fleisch vom Vortag tun wir nicht noch mal in die Theke, sondern verarbeiten es.

Wir haben richtig strenge Hygienevorschriften. Beim Fleisch ist immer genauestens protokolliert, wo es herkommt und was genau verarbeitet wurde. Bei uns wird ständig kontrolliert, ob alles sauber ist. Das ärgert mich manchmal, bei der Pommesbude schräg gegenüber, da gibt es noch nicht mal fließend Wasser, und denen guckt keiner ständig in die Schränke. Wir Verkäuferinnen müssen sogar regelmäßig Stuhlproben abgeben, wenn wir aus dem Urlaub kommen, um sicherzugehen, dass wir keine Krankheiten aus dem Ausland mitbringen.

Diese Gammelfleischskandale in den letzten Jahren haben mich nicht gewundert. Schwarze Schafe, die nur ans Geld denken, gibt es immer. Was mich vor allem wurmt, ist, dass viele Kunden jetzt sagen: »Oh, das ist im Angebot, dann ist es bestimmt alt und muss weg.« Klar, dass die Leute so denken. Dabei ist es ganz oft so, dass man beim Händler besonders viel abgenommen hat und deswegen einen Rabatt an die Kunden weitergeben möchte.

Aber wenn ich manchmal im Supermarkt diese vollen Regale mit dem abgepackten Fleisch sehe – das verkaufen die ja nie im Leben alles! Und man kann mir nicht erzählen, dass die das dann wegschmeißen. In so einem Laden könnte ich auch nicht arbeiten, ich kann nur das verkaufen, was ich als Kunde auch selber kaufen würde.

Ich habe da natürlich auch ein Auge für, wie gutes Fleisch aussieht. Meinem Mann wollte ich mal im Supermarkt Roastbeef kaufen, das hatten die dann schön mit Marinade eingepinselt, und man hat trotzdem gesehen, dass das alt war. So was regt mich auf, weil es meinen Beruf in Verruf bringt. Dann bestell ich doch lieber weniger und nehme jeden Tag frische Ware rein. Oder es ist dann eben auch mal was alle, dann muss man den Kunden sagen: »Tut mir leid, Schweineende ist aus, kommt morgen wieder frisch rein.«

Wir machen bei uns im Laden zum Beispiel das Gehackte immer frisch und drehen es erst bei Bestellung durch den Fleischwolf. Das dauert natürlich eine Minute, aber die Kunden nehmen sich die Zeit, weil sie es dann eben ganz frisch haben. Dieses Hack in den Paketen würde ich nie kaufen, da seh ich ja schon an der Farbe, dass das nicht schmecken kann. Das Fleisch ist meistens blass, so helles Fleisch ist oft aus Fleischabschnitten oder von einem zu jungen Ferkel. Ein ausgewachsenes Schwein hat schönes dunkelrotes Fleisch.

Mich freut es, wenn die Leute zu uns kommen und nicht den abgepackten Kram aus dem Supermarkt kaufen. Gerade am Anfang des Monats haben wir viele Kunden, die es sich eigentlich sonst nicht so leisten, auch um den Fünfzehnten herum, wenn das Kindergeld kommt. Aber wenn man Kinder hat und wenig verdient, dann kann es auch nicht immer Wurst vom Fleischer sein, das verstehe ich natürlich. Gegen Monatsende, wenn bei den Leuten das Geld knapp wird, ist bei uns auch deutlich weniger los. Klar, das ist schade. Aber wir müssen ja auch leben, wir können mit den Preisen nicht so runtergehen wie die Discounter, wo es alles für die Hälfte gibt.

Die meisten Kunden sind sehr nett. Vor allem die Älteren, man glaubt gar nicht, wie viele Rentner wir so über den Tag hinweg trösten. Die ersten kommen schon um halb elf und gucken, was es heute zu essen gibt, und stellen immer die drolligsten Fragen: »Ist das auch frisch?« Ja, na klar, als würde eine Verkäuferin jemals antworten: »Ne, das ist uralt!«

Viele haben ja niemanden zum Reden, die erzählen dann von ihren Enkeln oder was sie sonst so bewegt. Manche bringen auch Formulare mit, die sie nicht verstehen, und dann muss man schon mal beim Ausfüllen helfen. Dafür spendieren sie einem einen Kaffee oder bringen was fürs Frühstück mit. Ein Kunde steckt mir immer Blumen ans Auto. Manche verstehen vielleicht auch falsch, dass ich immer nett bin, das ist ja nun mal mein Beruf. Aber gut, kann ja auch nicht schaden, wenn sich da mal einer verguckt.

Es gibt auch junge Leute, die sind gerade zu Hause ausgezogen und fragen ganz süß nach, wie sie denn nun ein bestimmtes Fleisch zubereiten. Und alle geraten immer total aus dem Häuschen, wenn ich zufällig mal auf Anhieb exakt so viel Hack auf die Waage packe, wie bestellt worden ist. Oder wenn ich kleinen Kindern ein Würstchen über die Theke reiche. Darf ich eigentlich nicht, kostet ja auch Geld. Aber das ist doch Tradition, und die Eltern freuen sich immer und sagen: »Das gab es schon zu meiner Zeit.«

Klar, es gibt auch Kunden, die könnte ich zum Mond schießen. Die beschimpfen einen als blöde Kuh, und man muss noch freundlich dazu lächeln. Zum Beispiel wenn ich an der Schneidemaschine Aufschnitt mache, dann ist das irre laut, und ich stehe mit dem Rücken zur Theke. Da kriege ich einfach nicht mit, wenn da jemand steht und bedient werden möchte. Und wenn da Leute gleich pampig werden und sagen: »Na, wollen Sie mich nicht mal endlich bedienen?«, so was ärgert mich. Ich hab ja keine Wahl, ich muss immer freundlich sein. Einmal ist mir rausgerutscht: »Kommen Sie doch rein und sagen Sie erst mal laut Guten Tag, dann höre ich Sie auch und bediene Sie auch gern.«

Die Leute haben auch keine Zeit mehr, da muss immer alles rucki, zucki gehen. Und wenn mal was schiefläuft, wird sofort nach dem Chef gebrüllt.

Einmal hatte ich richtig Ärger, da ging es um eine kleine Tomatenleberwurst, das weiß ich noch ganz genau. Da kommt also eine Frau herein, kauft diese kleine Tomatenleberwurst, am nächsten Tag kommt sie wieder und behauptet, die wäre schlecht gewesen. Kann eigentlich nicht sein, wir verkaufen jeden Tag fast alles raus.

Aber egal, ich sage zu ihr: »Das tut mir aber leid, das ersetzen wir Ihnen gern.« Und sie: »Ja, und was ist mit meiner Entschädigung?« – »Wieso Entschädigung?«, habe ich gefragt. »Wenn Sie ein Kleidungsstück zurückbringen, dann können Sie das ja auch nur umtauschen oder kriegen das Geld zurück, aber nicht noch was extra obendrauf.« Dann hat sie sich beim Chef beschwert, wir wären unfreundlich zu ihr gewesen. Und mein Chef packt der auch noch ein Wurstpaket, fährt zu ihr nach Hause und bringt der das auch noch persönlich. Da habe ich mich echt geärgert, wir werden hier behandelt wie Fußabtreter, und dann wird das auch noch belohnt.

Oder einmal war ein Ehepaar da, er bestellt sich Schnitzel mit Bratkartoffeln und isst das fast alles auf. Dann kommt die Frau mit dem Teller zu uns an die Theke und sagt: »Da ist aber viel Speck an den Kartoffeln.« – »Na ja«, sagen wir, »ist doch gut, ist doch auch so üblich bei uns in der Region, dann schmeckt's doch auch besser.« Und er hatte es ja auch fast aufgegessen! Drei Tage später kam ein Beschwerdebrief, direkt zum Chef: Die Frau beschwert sich, ihr Mann sei zuckerkrank und hätte nach unserem Essen mit einem Schock ins Krankenhaus gemusst. Na, dann bestellt man sich doch auch kein Schnitzel, oder? Wir sind doch keine Ärzte, das muss der doch selber einschätzen können, ob er das essen kann. Die wollten dann auch 'ne Entschädigung und haben gleich mit der *BILD*-Zeitung gedroht. So was gibt es immer wieder: Leute, die ihr Essen aufessen, den leeren Teller zurückbringen und sagen: »Das war mir zu fettig, ich will mein Geld zurück.«

Es gibt auch Kunden, die kenne ich schon. Und wenn die in den Laden kommen, schick ich meine Kollegin an die Theke, weil ich mich sonst so stark zusammenreißen müsste, noch nett zu sein. Wenn sich Leute über Preise beschweren, dann denk ich: Dann geh doch woandershin und kauf dein Fleisch abgepackt. Oder wenn Leute telefonieren, während sie bei mir bestellen, das finde ich unhöflich, auch denen gegenüber, die hinter ihnen in der Schlange stehen. Bei älteren Leuten bleibe ich immer höflich, so bin ich erzogen. Aber bei so Jungs, die gleich frech werden, sag ich auch schon mal was.

Wir sind auch schon richtig massiv bedroht worden. Wir haben bis 22 Uhr geöffnet, obwohl da eigentlich fast kein Umsatz mehr gemacht wird. Alle Läden um uns rum haben dann schon zu, und wir sind fast allein auf dem Gelände. Ab 20 Uhr kommen die Jugendlichen, so fünfzehnjährige Rowdys, das sind die schlimmsten. Die kennen keinen Halt, schmeißen alles rum, machen totale Sauerei. Dabei hatte man gerade alles sauber gemacht. Und wenn man dann was sagt und die haben vielleicht schon was gesoffen, dann kommt gleich so was wie: »Ey, ich hau dir gleich in die Fresse«. Gerade in der Masse fühlen die sich natürlich stark. Ich kann ganz gut mit denen umgehen, ich bin ja auch noch nicht so alt, man muss halt den richtigen Ton finden.

Um diese Zeit laufen da einfach viele Betrunkene rum, und man ist denen total ausgeliefert. Wir hantieren ja auch mit Messern, das liegt ja alles offen bei uns rum, theoretisch kann da eine Menge passieren. Es gab auch schon Neonazis, die da an der Eingangstür gesoffen haben und dann ihre leeren Glasfalschen zu uns reingeschmissen haben. Da hat man schon Angst. Bisher ist es zum Glück glimpflich abgegangen. Aber wenn wirklich mal was wäre, ich würde da nicht die Heldin spielen. Ich würde alles Geld hingeben und denen noch ein Wurstpaket packen. Was habe ich davon, wenn ich mich wehre, und dann erst recht eine übergebraten bekomme?

Wenn ich abends nach Hause komme, kann ich kein Fleisch mehr sehen. Privat esse ich eigentlich kaum Fleisch und Wurst, wenn man den ganzen Tag in diesem deftigen Zeug steht, dann verliert man den Appetit darauf. Nach der Arbeit gehe ich erst mal duschen, um diesen typischen Fleischgeruch loszuwerden, den hat man einfach an sich. Manchmal sagt meine Tochter zu mir: »Mutti, du riechst immer noch nach Arbeit!« Meinem Mann gefällt es, dass ich so schön nach Bockwurst rieche. Zumindest hat er mal gesagt, dass er mich genau deswegen geheiratet hat.

In Deutschland gibt es 27 000 Verkaufsstellen für Fleisch. Damit kommen im Durchschnitt 33 fleischerhandwerkliche Verkaufsstellen auf je 100 000 Einwohner. +++ Zusammen erzielen die Fleischerfachgeschäfte einen Gesamtumsatz von knapp 16 Milliarden Euro. +++ Nach Angaben des Statistischen Bundesamtes haben sich Fleisch und Fleischerzeugnisse im letzten Jahr um durchschnittlich

3,8% verteuert. +++ Die Deutschen verzehren jedes Jahr 60 Kilo Fleisch pro Kopf – Spitzenreiter ist mit 38% Schweinefleisch, 11% Geflügel und 9% Rind- und Kalbfleisch.

»Länger als 40 Minuten hält keiner durch.«

Hannah, 34 Jahre, Dolmetscherin, muss sich konzentrieren wie ein Kampfpilot und manchmal auch furchtbaren Unsinn übersetzen.

Das Einzige, was mir in meinem Job manchmal fehlt, ist, meine eigene Meinung sagen zu dürfen. Manchmal ist es schwer, das Sprachrohr für jemanden zu sein, dessen Ansicht man überhaupt nicht teilt. Sätze dolmetschen zu müssen, die einem persönlich nie über die Lippen kämen. Neulich war ich Dolmetscherin auf einer Diskussionsveranstaltung, da stand plötzlich ein Zuschauer auf und fing an, gegen Homosexuelle zu wettern: »Die verbreiten Krankheiten, die verseuchen alles, das ist unnatürlich! Man kann ja nicht mal mehr auf eine öffentliche Toilette gehen, weil die Schwulen dort alles mit ihren Krankheitserregern verseuchen. Wenn man seine Körperteile zu den falschen Zwecken einsetzt, dann wird man davon irgendwann krank. Haben Sie schon mal versucht, mit der Nase Kaffee zu trinken?«

Kaum war ich fertig mit meiner Übersetzung, hat der ganze Saal gebuht und gepfiffen, ich musste erst mal kurz mein Mikro ausmachen und mich sammeln. Aber hätte ich das nicht gedolmetscht oder inhaltlich abgeschwächt, hätte ich damit ja auch keinem geholfen, und die Reaktion des Publikums wäre nicht so stark gewesen. Sinn meiner Tätigkeit ist nun mal, dass alle verstehen, was dieser Mann gesagt hat, auch wenn es absurd und beleidigend ist. Aber in dem Moment habe ich bei mir gedacht: Vielleicht sollte ich mich an anderer Stelle in meinem Leben mal für die Rechte Homosexueller einsetzen.

Dolmetscher halten sich im Hintergrund. Meistens haben sie ein großes Talent dafür, sich unsichtbar zu machen. Es gibt Kolleginnen und Kollegen, die sieht man ständig im Fernsehen, zum Beispiel bei Staatsbesuchen. Aber kein Mensch würde sie auf der Straße erkennen. Es gibt da einen inzwischen schon älteren Herrn im Auswärtigen Amt, der dolmetscht da seit mehr als dreißig Jahren und ist häufig mit im Bild. Jeder, der sich mit diesem Beruf befasst, kennt ihn. Aber ich wette, dass er sonst noch nie jemandem aufgefallen ist, weil er sich einfach sehr geschickt unsichtbar macht.

Das Bild des Dolmetschers hat sich sicher gewandelt mit den Jahren. Früher hatten viele noch eine ganz andere Rolle und waren für Politiker auch gleichzeitig Berater und enge Vertraute. Es gibt Fotos von illustren Männerrunden aus den Sechzigerjahren, da sitzen die Dolmetscher ganz selbstverständlich mit am Tisch und rauchen Pfeife – Titos Dolmetscher war so ein Fall.

Inzwischen gehört es zum Berufsethos, diskret und unauffällig zu sein. Vielleicht sind deshalb sehr viel mehr

Frauen in diesem Beruf. Weil sich Frauen schon immer mehr mit Sprachen befasst haben, und weil Männern möglicherweise das Arbeiten im Hintergrund nicht so liegt.

Viele nehmen mich in meinem Job ja einfach nur als die Stimme wahr, die aus dem kleinen Knopf im Ohr kommt. Ich dolmetsche viel auf Kongressen und Konferenzen, da sitzt man dann in einer schalldichten Kabine, hat Kopfhörer auf und ein Mikro vor sich. Für die Zuhörer ist man eigentlich gar nicht zu sehen, und viele machen sich wahrscheinlich keine großen Gedanken darüber, woher diese Stimme kommt oder zu wem sie gehört.

Simultandolmetschen ist sehr anstrengend, angeblich ist es einer der Berufe, bei denen man sich am stärksten konzentrieren muss, gleich nach Astronaut und Kampfpilot. Länger als vierzig Minuten hält keiner durch, dann muss man eine Pause machen. Deshalb arbeitet man auch immer im Team und wechselt sich ab.

Ich bin ja nicht einfach nur ein Papagei oder ein Sprachroboter, der nur in einer anderen Sprache wieder ausspuckt, was er hört. Ich muss auch inhaltlich verstehen, was gesagt wurde, ich muss es verarbeiten, analysieren und dann in kürzester Zeit übersetzen. Das ist eine Technik, die man im Studium lange üben muss, es reicht nicht, einfach nur eine Fremdsprache zu sprechen. Nicht jeder, der zweisprachig ist, kann auch dolmetschen.

Natürlich automatisieren sich ein paar Dinge mit der Zeit, Floskeln oder Begrüßungen zum Beispiel. Aber bei allem anderen muss ich nachdenken. Ich muss Ironien und Zwischentöne erkennen oder ob etwas zweideutig gemeint ist. Auch Humor zu übersetzen ist nicht ganz einfach. Oft bleibt mir nichts anderes übrig, als etwas zu umschreiben oder genau zu erklären, dann ist das zwar korrekt übersetzt, aber natürlich nicht mehr so lustig.

Man sollte schon etwas über die Kultur der Menschen wissen, für die man dolmetscht. Briten und Asiaten haben zum Beispiel eine ganz andere Vorstellung von Höflichkeit als die Deutschen. Wenn ein Deutscher einen Asiaten ganz direkt nach den Problemen in seinem Land fragt, dann ist das gar nicht unhöflich gemeint, würde bei einem Asiaten aber vielleicht so ankommen, wenn man das eins zu eins übersetzt. Also formuliere ich um, frage ein bisschen mehr um die Ecke. Wichtig ist ja, dass ich die Botschaft richtig transportiere, auch wenn ich dafür nicht immer ganz wortgetreu bin.

Ich dolmetsche Englisch und Französisch, wobei eigentlich hauptsächlich Englisch nachgefragt wird, das ist nun mal so etwas wie die Lingua franca. Und das ist auch das Problem daran: Alle können irgendwie ein bisschen Englisch. Und manchmal sind die Leute regelrecht beleidigt, dass man ihnen eine Dolmetscherin zur Seite stellt. Hinterher sind dann aber alle sehr dankbar, dass ich da war, weil Englisch eben doch sehr vielschichtig ist, sobald es über ein bestimmtes Niveau hinausgeht. Und auch wenn einer auf Englisch prima smalltalken kann, stößt er in einer wissenschaftlichen oder politischen Debatte an seine Grenzen.

Es gibt auch Redewendungen, die oft falsch gebraucht

werden und dann zu Missverständnissen führen. Deutsche sagen zum Beispiel oft: »Das ist doch *common sense*!«, wenn sie eigentlich sagen wollen: Da sind wir uns doch alle einig. *Common sense* heißt aber »gesunder Menschenverstand«. Also übersetze ich *agreement*, und viele sind dann etwas beleidigt, dass sie ihr *common sense* in meiner Übersetzung gar nicht wiederhören. Ich bin dann auch schon korrigiert worden, so was übergeht man dann höflich und fängt nicht an zu streiten.

Ich schätze Redner sehr, die ihre Rede frei halten und nicht vom Blatt ablesen. Geschriebene Sprache ist anders aufgebaut und viel schwieriger zu dolmetschen, weil die Sätze länger und verschachtelter sind. Und es gibt tolle Redner, die einen Saal richtig mitreißen können und sehr charismatisch sind. Die auf den Punkt kommen und klar formulieren können. Dann macht auch das Dolmetschen am meisten Spaß.

Schwierig ist immer, wenn jemand seine Sätze nicht beendet. Oder sehr schnell spricht, was vor allem Redner*innen* oft passiert. Vielleicht ist das dieser weibliche Drang zum Perfektionismus, alles besonders gut machen zu wollen, in besonders kurzer Zeit besonders viel Inhalt zu transportieren. Und da hechelt man als Dolmetscher dann oftmals ziemlich hinterher, das ist natürlich anstrengend.

Als Dolmetscher wird man zum Generalisten. Ich bekomme Aufträge für Konferenzen zu den verschiedensten Themen, teilweise sind die sehr speziell. Und da muss ich mich natürlich in kürzester Zeit so gut es geht drauf vorbereiten, mir die Vokabeln aneignen und mich in die

Thematik einlesen. Wenn es bei der Konferenz um »Trockenfermentation« geht, muss ich erst mal verstehen, was Trockenfermentation überhaupt ist. Oder bei medizinischen Kongressen, wo es beispielsweise um Augenheilkunde geht, muss ich sicherstellen, dass ich alle englischen Fachbegriffe weiß und die Namen der Einzelteile des Auges kenne. Und das reicht dann meistens bei Weitem nicht aus, weil sämtliche Organe eines Körpers ja zusammenhängen.

So lerne ich viel aus allen möglichen Bereichen, aber es bleibt auch immer ein Gefühl der Unzulänglichkeit. Weil ich nie perfekt sein kann, kann ich alles immer nur zu einem guten Teil verinnerlichen. Das ist der Fluch der Dolmetscher: Sie kennen sich in den abstrusesten Gebieten aus, aber eben immer nur ein bisschen. Und auch der Prozess des Dolmetschens ist nie perfekt, weil es weder perfekte Redner noch perfekte Akustik noch die perfekte Übersetzung gibt. Und je nachdem, wie perfektionistisch man veranlagt ist, kann das ganz schön quälend sein.

Andererseits empfinde ich es als großes Privileg, Einblick in so viele unterschiedliche Lebenswelten zu bekommen. In meinen Vorbereitungen muss ich mich mit Dingen befassen, über die ich mir zuvor noch nie Gedanken gemacht habe. Oder ich muss mich in eine bestimmte Problematik eines anderen Landes einlesen, und wenn man dann ein bisschen eintaucht, ist es ja auch in der Regel sehr spannend. Wenn ich auf eine Konferenz fahre, dann ist das manchmal wie ein Ausflug in ein Paralleluniversum. Da sitzen dann zum Beispiel zweihundert Wissenschaftler und machen sich drei Tage lang Gedanken darüber, wie man Brot verbessern kann. Ich esse jeden Tag Brot und habe noch nie darüber nachgedacht, dass man über Brot so viel forschen kann, wie viele Gedanken dahinterstecken. Das zeigt mir, wie begrenzt meine eigene Lebensrealität ist, und manchmal relativiert das auch meine kleinen Alltagsprobleme.

Eine Zeit lang habe ich auch für eine Regierungsbehörde gearbeitet. Das war eine spannende Zeit, vor allem, weil ich da viele Dinge mitbekommen habe, die normalen Bürgern natürlich verborgen bleiben, bei Staatsbesuchen zum Beispiel. Da war ich dann hautnah dabei, und man merkt als Dolmetscher gleich, ob sich da zwei Menschen wirklich was zu sagen haben. Ob die nur mit nettem Small Talk den Fototermin absitzen und sich darüber austauschen, wie der Flug war und wie das Hotel ist. Oder ob sich da zwei schon kennen und mögen und sich nicht nur treffen, weil das Protokoll es so vorgibt. Die wirklich wichtigen, konkreten Dinge werden ja in der Regel von den Mitarbeitern in den einzelnen Fachgremien ausgehandelt.

Politisches Dolmetschen ist nicht jedermanns Sache und geht auch mit einer gewissen Entzauberung einher. Als Kind dachte ich immer, die Menschen, die unser Land regieren, müssen selbstverständlich cleverer sein als der Rest. Das relativiert sich schnell in so einem Job, und man stellt fest: Das sind auch nur Menschen, die haben sich eben diesen speziellen Beruf ausgesucht. Und so wie es gute und schlechte Bäcker gibt, gibt es auch gute und schlechte Politiker.

Jeder möchte natürlich von mir wissen, ob mir schon mal was richtig danebengegangen ist. Und ich muss alle enttäuschen: Bisher hatte ich noch keine Aussetzer oder gravierenden Fehler, die zu Tumulten oder schlimmen Missverständnissen geführt hätten oder gar die Kommunikation hätten zusammenbrechen lassen.

Das Schlimmste, was mir mal passiert ist: Bei einer Pressekonferenz wurde immer wieder die langjährige Kooperation und Partnerschaft beschworen, und beim fünften Mal *partnership* hatte ich wohl schon einen Knoten in der Zunge. Jedenfalls ist mir stattdessen *partnershit* rausgerutscht – »Partnerscheiß«. Mir war das unglaublich peinlich, aber alle anderen haben herzlich darüber gelacht.

In Deutschland sind Dolmetscher für 86 Sprachen registriert – von Afghanisch bis Weißrussisch. +++ Das Einstiegsgehalt eines Dolmetschers mit einem Universitätsabschluss liegt bei rund 2 200 Euro. Von den 6 500 Mitgliedern des Bundesverbandes der Dolmetscher und Übersetzer sind 5 000 Frauen. +++ Die Technik des Simultandolmetschens wurde erstmalig bei den Nürnberger Prozessen eingesetzt. +++ Die wohl berühmteste Dolmetscherin der Geschichte ist die Aztekin Malintzin, die für den Eroberer Hernán Cortés dolmetschte und in Mexiko als »Verräterin der Ureinwohner« gilt.

»Den ganzen Tag über denke ich an die Stückzahl.«

Gertrud, 54 Jahre, Fließbandarbeiterin, erzählt, wie sie mit viel Ehrgeiz einen eintönigen Arbeitstag übersteht.

Ich setze mir am Fließband immer ein Ziel, etwas, worauf ich hinarbeiten kann. Wenn ich in einer Stunde achtzig Teile geschafft habe, dann sage ich mir: So, und in der nächsten Stunde schaffst du dreiundachtzig. Und wenn ich es schaffe, macht mich das glücklich. Das sind meine kleinen Erfolgserlebnisse, das hilft mir, motiviert zu bleiben.

Meine Kollegen lachen mich schon aus, weil ich ständig nachfrage, wie viel Stück schon durch sind. »Warum musst du das so genau wissen?«, fragen sie dann. Aber für mich funktioniert das gut, ich bin eben ein ehrgeiziger Mensch. Und so wird mir bei der Arbeit auch nicht langweilig.

Ich arbeite in einer Fabrik, die Autozubehör herstellt, Gurtstraffer zum Beispiel. Früher war die Arbeit eintöniger, da stand man wirklich den ganzen Tag an derselben Linie und hat nur einen Arbeitsgang gemacht, immer die gleichen drei Handbewegungen, bei Stückzahlen von bis zu eintausendachthundert an einem Tag. Heute achten sie darauf, dass man immer mal die Linie wechselt und nicht immer nur dasselbe macht. Also erst etwas nähen und dann vielleicht noch etwas montieren. Man kann mal sitzen, mal stehen, mal wird das eine Handgelenk mehr belastet, mal das andere, das ist schon besser für uns Arbeiter. Gerade für mich als Linkshänderin. Die Arbeitsgeräte, alle Abläufe am Band sind natürlich für Rechtshänder ausgelegt. Manchmal muss ich mit überkreuzten Händen arbeiten, weil es anders einfach nicht geht.

Die Stückzahlen, die wir schaffen sollen, sind schon enorm. Man arbeitet immer in Teams an einer Linie, und natürlich kann das Team immer nur so viel schaffen, wie das schwächste Glied leisten kann. Wer wie viel schafft, wird genau registriert und für alle sichtbar auf eine Tafel geschrieben.

Früher hatten wir ein Leistungssystem, das heißt: Je mehr Teile man geschafft hat in seiner Schicht, umso mehr hat man auch verdient. Heute bekommen alle das gleiche Gehalt, dafür steigt der Leistungsdruck. Wenn man ein paarmal nacheinander die Stückvorgaben nicht schafft, gibt es schon mal ein Gespräch beim Chef. Und es kratzt natürlich auch an der Ehre, wenn alle anderen schneller sind. Den ganzen Tag über denke ich an die Stückzahl, das treibt mich an.

Gearbeitet wird in drei Schichten, jeweils acht Stunden mit dreißig Minuten bezahlter Pause. Man kann natürlich auch zwischendurch mal eine Pinkelpause einlegen, doch man muss sich nur mit seinem Team einig sein, einer allein kann ja nicht plötzlich abhauen.

Eine Linie funktioniert immer dann gut, wenn alle im Team in etwa dasselbe Alter haben. Die Jungen arbeiten vielleicht schneller, wollen aber auch ständig Zigarettenpause machen. Ich habe noch zwei Kolleginnen in meinem Alter, und wenn wir zusammen sind, dann läuft es richtig gut. Wir arbeiten vielleicht langsamer, dafür ruhig, konzentriert und gleichmäßig. Wir machen nicht ständig Pause und kommen so auch auf unsere Stückzahlen. Ich achte auch auf Pünktlichkeit. Was nützt es mir, fünf Minuten zu spät am Band zu stehen, in der Zeit hätte ich schon zwanzig Stück schaffen können.

Am Band wird auch nicht viel gequatscht, dazu sind die Maschinen viel zu laut. Ich kann auch nicht groß mit den Gedanken abschweifen oder mich irgendwelchen Tagträumen hingeben. Ich muss mich total konzentrieren, dass mir kein Fehler unterläuft. Es kann genau nachvollzogen werden, welche Teile ich montiert habe, und wenn ich dann eine falsche Schließzunge erwische oder einen verkehrten Umleiter, weil ich im Kopf nicht bei der Sache war ... Das geht nicht.

Der Horror für mich ist, wenn man am Tag mehrmals die Linie wechseln muss, weil vielleicht irgendwo Not am Mann ist. Man muss sich so schnell einarbeiten, sich ständig umstellen. Und klar, manche Kollegen nehmen darauf Rücksicht und unterstützen dich, wenn du gerade neu dazukommst und die Abläufe noch nicht so automatisiert hast. Andere denken sich: Soll se doch sehen, wie sie zurechtkommt.

Unser alter Chef hat damals Anfang der Neunzigerjahre fast nur Frauen eingestellt. Er hat gesagt: Frauen sind fleißig, zuverlässig und arbeiten gut. Und in der Regel haben sogar die alleinerziehenden Mütter das irgendwie geschafft mit der Kinderbetreuung und dem Job. Seit ein paar Jahren werden vermehrt Männer eingestellt. Wahrscheinlich glauben die, so die Stückzahlen noch steigern zu können, aber ich persönlich glaube nicht, dass die Männer mehr schaffen als die Frauen.

Es gibt schon ein paar Arbeiten, die sind körperlich sehr hart, da braucht man sehr viel Kraft, da sollen sie ruhig Männer ranlassen. Ich hatte auch mal eine Montageaufgabe, die ging so stark auf die Handgelenke, dass ich gesagt habe, das mache ich nicht mehr. Ich bin zum Betriebsrat und der hat durchgesetzt, dass ich nur noch zehntausend Stück machen musste, und dann war Schluss. Und dann haben sie da Männer aus einer Leiharbeiterfirma hingesetzt, denen haben schon nach acht Stunden die Hände gezittert.

Grundsätzlich kann ich mich aber über die Firma nicht beschweren. Die zahlen ordentlich und auch immer pünktlich, auf Arbeitsschutz wird sehr geachtet. Es gibt immer eine Weihnachtsfeier, einmal kam sogar jemand und hat uns während der Arbeitszeit massiert. Die Chefs wissen schon, dass wir da eine sehr einseitige, körperlich anstrengende Arbeit machen. Aber jetzt mit der Wirtschaftskrise geht natürlich die große Entlassungswelle los. Ich gehe gern arbeiten, das wäre wirklich bitter für mich. Fast vierzig Jahre gearbeitet, sechzehn Jahre hier in der Firma, und dann bleibt nur Hartz IV, mit Mitte fünfzig nimmt mich doch keiner mehr.

Ich bin schon stolz auf das, was ich leiste. Zu wissen, dass Produkte, die durch meine Hände gegangen sind, in der ganzen Welt verwendet werden. Vor ein paar Jahren haben mein Mann und ich uns mal ein neues Auto gekauft, einen Golf. Und da konnte ich am Kontrollzettel sehen, dass ich einen der Gurte in dem Auto genäht hatte. Da war ich richtig stolz.

1913 wurden in der Automobilfabrik Henry Ford in Detroit die ersten Fließbänder installiert. +++ Nach dem Zweiten Weltkrieg begann das Zeitalter des Massenarbeiters: Ingenieure versuchten, jede überflüssige Sekunde aus dem Arbeitsprozess herauszupressen. +++ Aus dieser Zeit stammt das geflügelte Wort »Akkord ist Mord« +++ In seinem Film »Moderne Zeiten« aus dem Jahre 1936 zeichnete sich Charlie Chaplin im Räderwerk der Industriemaschinerie – eine Kritik an der unmenschlichen Arbeitswelt seiner Zeit. +++ Das Beschäftigen von werdenden oder stillenden Müttern am Fließband oder in der Akkordarbeit ist wegen der hohen Arbeitsbelastung verboten.

»Bei diesem Job fällt jede Distanz.«

Anna, 23 Jahre, Depiladora, erkennt ihre Kunden an Tattoos und Intimpiercings und zaubert auf Wunsch auch Initialen ins Schamhaar.

Als ich vor ein paar Jahren angefangen habe, in einem Waxing-Studio zu arbeiten, haben viele meiner Freunde erst mal groß geguckt und gefragt: »*WAS* machst du da? Du enthaarst den ganzen Tag Intimzonen?« Für mich ist es ganz normal, ich bin sowieso kein Mensch, der Berührungsängste hat. Und inzwischen habe ich es schon tausendmal gemacht, bei Männern und bei Frauen: Alle Schamhaare weg oder einen Streifen stehen lassen, ich kann auch spezielle Formen ins Schamhaar zaubern: Herzen, Blitze, Kussmünder oder auch die Initialen des Liebsten, wenn man das möchte. So was wird vor allem zum Valentinstag oder vor Weihnachten oft gewünscht.

Wenn die Leute das erste Mal kommen, sind sie oft supernervös. Viele haben Angst, dass es höllisch wehtut, und kommen sich komisch vor, auf einer Liege zu liegen und sich zwischen den Beinen rumfummeln zu lassen. Ich plaudere dann einfach, viele entspannen sich dann auch, wenn sie merken: Für mich ist das völlig normal und alltäglich. Ich trage das Wachs auf, lasse es hart werden. Durch die Wärme öffnen sich die Poren, und dann ziehe ich das harte Wachs mit den Haaren wieder ab. Natürlich ist das schmerzhaft, aber viel weniger, als die meisten glauben. Und hinterher sind alle immer total glücklich über das Ergebnis.

Klar, es gibt auch manchmal welche, die sich gar nicht locker machen können. Die wollen ein Intim-Waxing, dabei aber bitte den Slip anbehalten. Kann ich schon machen, versaut denen nur total die Unterwäsche.

Wir enthaaren natürlich auch alle anderen Körperstellen, Brust, Rücken, Arme, Beine, was eben so gewünscht ist. Auch Nasen- und Ohrenhaare entfernen wir. Viele Männer kommen mit einem Gutschein, den sie von ihren Frauen zum Geburtstag geschenkt bekommen haben, ein ziemlicher Wink mit dem Zaunpfahl, würde ich sagen.

Es gibt Sportler – Schwimmer und Radfahrer zum Beispiel –, die sich grundsätzlich alle Haare wegmachen lassen. Dann gibt es die Metrosexuellen, die einfach sehr auf ihren Körper achten. Und ab und zu haben wir auch Männer hier, die am ganzen Körper behaart sind und den Pelz komplett weghaben wollen. Das dauert dann bis zu drei Stunden.

Unsere jüngsten Kunden sind so um die vierzehn, die brauchen natürlich eine Einverständniserklärung der Eltern. Und die wollen in der Regel einen totalen Kahlschlag, alle Haare weg. Ist eben im Moment so Mode. Ältere Frauen lassen gern ein Dreieck stehen oder einen

Streifen, die wollen nicht mehr aussehen wie kleine Mädchen. Und auch den Männern soll das angeblich besser gefallen, wenn da noch ein paar Haare sind. Unsere älteste Kundin ist über achtzig. Die kommt regelmäßig und erzählt auch, welche Männer sie gerade neu kennengelernt hat. Ich finde es toll, wenn jemand auch im Alter noch Wert auf so was legt.

Natürlich erfahre ich viele private Dinge von meinen Kunden. Bei diesem Job fällt jede Distanz, und da erzählen mir die Leute wirklich ihre halbe Lebensgeschichte, ihre Sorgen, ihre neuesten Liebesabenteuer. Manche telefonieren auch nebenbei ganz entspannt mit ihrer Mutter oder mit Kollegen, das finde ich schon lustig.

Ich glaube, das Merkwürdigste, was mir passiert ist, war, dass meine eigene Mama plötzlich im Laden stand und ein Intim-Waxing von mir wollte. Fand ich erst ziemlich eigenartig, ich meine, da unten bin ich ja rausgekommen, und plötzlich bin ich da mit meinen Händen zugange. Aber als ich erst mal dabei war, fand ich es okay, und meine Mutter hat sich über das Ergebnis total gefreut. Und irgendwie finde ich es natürlich auch gut, dass meine Mutter auf sich achtet und gepflegt aussehen will.

Was ich toll finde an meinem Job, ist, dass man den Leuten wirklich sehr nahekommt und sie so sieht, wie sie sonst eben kaum jemand sieht. Da kommt eine graue Maus oder ein biederer Anzugtyp rein, zieht sich aus und hat die abgefahrensten Tattoos oder Intimpiercings. Ich hatte mal eine Frau, da war ich echt baff, wie viele Intimpiercings man so haben kann. Ich hab sie gefragt: »Sag mal, klimpert das nicht, wenn du läufst?« Und sie erklärte mir dann, wie sie ihre Schamlippen nach innen klappen muss, damit man nichts hört. Die kam hier rein in einem ganz schlichten Businesskostüm und hatte irgendeinen ganz normalen Bürojob.

Das hat mich schon nachdenklich gemacht, wie schnell man Leute in eine Schublade steckt und einfach nach dem allerersten Eindruck urteilt. Hinter langweiligen Fassaden stecken manchmal wirklich interessante, verrückte Menschen.

Gesichter und Namen kann ich mir schlecht merken. Aber Körpermerkmale wie Tattoos, besondere Leberflecken oder interessante Narben, die merke ich mir. Daran erkenne ich die Kunden sofort wieder, so was fällt mir einfach als Erstes auf. Es kommen auch ein paar Promis zu uns, Models und Schauspielerinnen, die sind alle wirklich sehr nett. Und es ist schon ganz interessant, sie so zu sehen zu bekommen, wie man sie natürlich normalerweise nie sieht.

Ich denke, Intim-Waxing ist heute kein großes Tabu mehr. Für mich war es schon immer ganz selbstverständlich, mir die Haare wegzumachen. Und ich verstehe nicht, warum viele da so eine Ideologie draus machen, dass das so unnatürlich sei. Ich meine, es hat doch auch keiner was dagegen, wenn sich Frauen die Achselhaare rasieren.

Gerade im Frühling und Sommer gucke ich den Leuten in der U-Bahn ständig auf die Beine, auf die Hände und die Füße, ist so eine Kosmetikerinnenangewohnheit. Und da wundere ich mich schon, wie wenig Mühe sich viele mit ihrem eigenen Körper geben. Manchmal kommen auch Frauen zu uns, da denke ich: Meine Güte! Da ist offensichtlich noch nie jemals ein Rasierer angesetzt worden. Gut, kann natürlich jeder machen, wie er will.

Ich werde oft gefragt, ob ich meinen Job nicht manchmal eklig finde. Finde ich überhaupt nicht! Grundsätzlich ist die Arbeit sehr hygienisch. Ich trage immer Handschuhe, alles wird ständig desinfiziert. Es kommt schon ab und zu mal vor, dass ich Kunden habe, die sich ganz offensichtlich schon seit Tagen nicht gewaschen haben. Oder Spaß daran haben, wenn ich ihnen Schmerzen zufüge. Ich bin nicht zimperlich, aber ich mache auch den Mund auf, wenn ich etwas unangenehm finde. Natürlich höflich und diplomatisch. Trotzdem: Man darf nicht zu schüchtern sein, im Zweifel eine Behandlung auch zu unterbrechen.

Für meinen Freund war es schon ziemlich gewöhnungsbedürftig, was ich so mache. Am Anfang unserer Beziehung, wenn ich auf Partys ein bisschen von meinem Job erzählt habe, haben seine Freunde ihn gefragt: »Sag mal, deine Freundin, arbeitet die als Prostituierte, oder was?« Klar, ich habe den ganzen Tag mit nackten Menschen zu tun, das ist natürlich seltsam für viele. Aber letztlich bekomme ich auch nicht mehr zu sehen als ein Arzt oder eine Krankenschwester. Trotzdem: Zu genau will mein Freund lieber nicht wissen, was ich so auf der Arbeit erlebe.

Die Ursprünge des Intim-Waxings liegen in den Küstenstädten Brasiliens. Mit zunehmender Verbreitung von Tangas wuchs die Nachfrage nach professioneller Haarentfernung. +++ Populär wurde die Methode auch bei uns, nachdem sich Stars wie Demi Moore und Scarlett Johansson dazu bekannten. +++ In Deutschland epilieren sich laut einer Studie der Universität Leipzig 81% der Frauen zwischen 18 und 25 Jahren die Scham; bei den Männern sind es 32%. +++ Für die Zeitschrift »Emma« sind die »Kindermösen erwachsener Frauen« Indiz einer »entmenschlichten Warengegenwart«.

»Pflanzen sind schließlich auch bloß Menschen.«

Katherina, 58 Jahre, Blumenhändlerin, über die Blumenmafia und warum Männer gern Sträuße kaufen, die in die Aktentasche passen.

Blumen halten nicht warm, Blumen machen nicht satt, Blumen sind Luxus. An Blumen wird als Erstes gespart, wenn die Zeiten härter werden. »Ich könnte ohne Blumen nicht leben!« – wenn ich das schon höre!

Berlin ist ein Billigpflaster, auch für Blumen. In München kostet eine Rose, die du bei mir für zwei Euro fünfzig bekommst, acht Euro. *Acht Euro!* Und die Leute zahlen das auch. Na, da würde ich auch ordentlich Geld verdienen, wenn ich solche Preise verlangen könnte. Geht aber in Berlin nicht, die Leute sind auch nicht bereit, für gute Ware mehr zu bezahlen. Und die, die es könnten, kaufen ihre Blumen nicht bei mir, sondern lassen sie von livrierten Dienern in weißen Handschuhen aus dem KaDeWe anliefern. Es gibt auch Designerblumenläden, wo man Adventskränze für vierhundert Euro bekommt, mit Blattgold und Seidenschleifchen und allem Pipapo. So was gibt es bei mir natürlich nicht.

Blumen sind für alle da, und ich binde einem Stammkunden aus dem Kiez auch mal was Schönes für fünf Euro. In der Handelsspanne sind Blumen eigentlich eins zu drei, aber das funktioniert gar nicht mehr. Wenn eine Nelke auf dem Großmarkt fünfundsechzig Cent kostet, dann müsste ich sie eigentlich für zwei Euro dreißig verkaufen. Aber für zwei Euro dreißig kauft die ja keiner, also verkaufe ich sie für einen Euro zwanzig. Damit habe ich noch keine schwarze Zahl geschrieben oder Gewinn gemacht. Den mache ich eher mit exotischeren Blumen, da sind die Leute auch eher bereit, höhere Preise zu bezahlen, obwohl der Aufwand für jede Blume ja im Grunde der gleiche ist.

Schwule und Frauen wissen bei Blumen ziemlich genau, was sie wollen. Männer wollen lieber gar nicht groß in Verhandlungen treten und was Spezielles auswählen. Ich frage dann: »Na, was hat denn Ihre Frau für eine Lieblingsblume?« Wissen die wenigsten, da wird gleich gestottert. Oder ich frage nach dem Anlass. Einer achtzigjährigen Dame kann man nicht zum Geburtstag weiße Lilien schenken, da denkt die doch sofort an ihre Beerdigung. Und Männern ist das immer peinlich, wenn man nachfragt, weil es ihnen dann so vorkommt, als müssten sie was Intimes preisgeben.

Es gibt auch Männer, die wollen partout Sträuße, die in die Aktentasche passen. Weil sie Angst haben, wenn sie offen mit einem Blumenstrauß über die Straße gehen, sähe das für die Nachbarn so aus, als hätten sie zu Hause was gutzumachen. Und ich merke natürlich, ob Männer

Gut-Wetter-Sträuße wollen. Wenn einer kommt und schon sagt, der Strauß darf mindestens dreißig Euro kosten, dann hat entweder Mutti Geburtstag oder die Frau muss besänftigt werden. Wobei – wenn Mutti Geburtstag hat, dann ist der Preis meistens egal, bei der Frau wird schon eher aufs Budget geachtet.

Am komischsten sind die Frischverliebten: Kommen in den Laden und wollen »was ganz Besonderes«. Dann biete ich ihnen Veilchensträußchen an, das ist nämlich wirklich was ganz Besonderes. Aber ne, so was Mickriges wollen die Männer nicht, es sollte schon ein bisschen mehr hermachen. Dann sage ich: »Na, fallen Sie doch nicht so mit der Tür ins Haus bei der Dame, manchmal tut es auch was Subtileres.« Frauen wissen Veilchen zu schätzen, aber Männer wollen was Großes. Hauptsache groß, dann ist es auch gut.

Ein junger Kerl wollte mal einen »Wetten, dass …?«-Strauß für seine Mutti. Die hat immer diese dicken Sträuße gesehen, die die Gäste bei Thomas Gottschalk kriegen, und träumte davon, auch mal so was zu bekommen. Aber so toll sind die gar nicht, das sind fünf Chrysanthemen, und der Rest ist Grünbett. Egal, habe ich ihm gemacht. Und die Mutti hat sich riesig gefreut.

Eigentlich sind die Leute hier ja wahnsinnig biobewusst. Gehen auf den Ökomarkt und kaufen nur Sieben-Körner-Vollkornbrot von Demeter. Aber bei Blumen fragt keiner nach. Und gerade Blumen können so verseucht sein, das interessiert aber niemanden. Es gibt einen Fairhandel, auch für Blumen, aber an dem nimmt kaum ein Herstellerland teil. Und es wird gespritzt ohne Ende: Herbizide, Pestizide, das ist alles hochgiftig. Manche Blumen müssten eigentlich über Sondermüll entsorgt werden. Ich bin Asthmatikerin und kann bestimmte Blumen schon seit Jahren nicht mehr im Laden haben, weil ich die Chemie regelrecht in der Luft schmecke.

Deshalb bekomme ich meine Ware entweder von einem befreundeten Bauern oder von zertifizierten Händlern, die nicht spritzen. In Ecuador und Südafrika, wo viele Blumen herkommen, arbeiten auch viele Kinder auf den Feldern. Im Fairhandel werden die wenigstens anständig bezahlt, bekommen eine Krankenversicherung und eine warme Mahlzeit. Viele wollen so was lieber nicht wissen und fragen gar nicht erst danach. Aber diese verseuchte, mit Licht und Wärme gepushte Hollandware biete ich nicht an.

Zum Glück geht der Trend immer mehr zu natürlichen Sträußen, so mag ich sie auch am liebsten. Der Feld-Wald-Wiesen-Strauß sieht auch einfach schöner aus. Verdienen kann man mit diesen Kunststräußen natürlich mehr, da muss erst mal aufwendig ein Bett gemacht werden mit Zweigen und Ranken, Efeu und Grünzeug, ist natürlich toll. Aber es sieht eben nicht aus, als hätte man es aus dem Garten geholt. Und gerade die Älteren, die früher mal einen eigenen Garten hatten, die wissen das zu schätzen.

Persönlich hätte ich natürlich gern einen Garten, aber ich hab einfach keine Zeit dazu. Um sechs Uhr früh bin ich auf dem Großmarkt, dann buckel ich die Blumen in den Laden, mache um acht Uhr auf. Dann ist der Laden offen bis achtzehn Uhr, und vor zwanzig Uhr bin ich nicht zu Hause. Da noch nebenher einen Garten pflegen, das geht nicht. Aber Spaß hätte ich da schon dran, mit ein bisschen mehr Zeit. Ich zupfe auch gern Unkraut, mit einer schönen Tasse Kaffee in der Hand. Das glaubt mir zwar keiner, aber ich finde das sehr gemütlich.

Blumen mochte ich schon immer. Mein Vater hat uns früher beim Gartenumgraben die lateinischen Blumennamen repetieren lassen. Damals habe ich ihn dafür gehasst, heute denke ich: Danke, Papa! Wir sind nie durch den Wald gekommen, ohne dass wir mit geschlossenen Augen Rinde anfassen und den Baum erraten mussten.

Blumenhändlerin bin ich aber erst nach der Wende geworden. In der DDR hatte ich Kinderkrankenschwester gelernt, das war aber nie mein Ding, weil mir die Hierarchie im Krankenhaus nicht lag. Dann habe ich bei der DDR-Reichsbahn gearbeitet, aber nach der Wende war da auch Schluss. Dann habe ich mich mit meiner Schwester hingesetzt und überlegt: Was können wir, was wollen wir, was ist realistisch? Ich hatte eine kleine Abfindung bekommen, und die wollte ich investieren, also haben wir den Laden aufgemacht. Wir haben es einfach mal probiert, auch wenn das nicht so leicht ist, wie es aussieht. Ich habe stundenlang mit Mikadostäbchen Blumenbinden geübt, bis ich es konnte.

Jetzt sitze ich am liebsten an einem kleinen Tisch vorm Laden, das ist mein KKP – mein »Kiezkommunikationspunkt«. Viele Alte kommen und halten mal ein Schwätzchen, und natürlich nehmen wir auch mal einen Schlüssel an und gehen die Katze füttern oder Post holen. Und das macht Spaß, das würde ich ums Verrecken nicht wieder aufgeben wollen für einen Bürojob, wo ich nie mit irgendwem quatschen kann.

Das Einzige, was nervt, ist der ständige Überlebenskampf. Dass man immer knapsen muss und nie auf einen grünen Zweig kommt, obwohl man schuftet wie eine Hafennutte. An jeder Ecke gibt es inzwischen einen vietnamesischen Blumenstand, die verhökern die Blumen noch unter Einkaufspreis. Manche setzen sich auch mit einem Klappstuhl und spottbilligen Blumen in Eimern auf die Straße, direkt vor die Blumenläden, bis die pleite sind. Und die haben meistens keine Ahnung, was sie da tun, die wissen nichts über Blumen.

Ich bin sicher, dass das zum Teil auch mafiöse Strukturen sind. Ich seh die doch auf dem Großmarkt, wie sie mit dicken Päckchen Bargeld bezahlen, und die armen Mädchen, die in den Blumenläden schuften, haben die Augen blau gehauen. Viele müssen wahrscheinlich noch ihre Überfahrt abbezahlen. Die nutzen die Läden vielleicht für Geldwäsche und verticken da nebenbei noch Zigaretten, was weiß ich.

Und die Sträuße sind doch zum Gotterbarmen, da wird eine Strelizie mit einer Sonnenblume zusammengepappt, furchtbar! Aber die Leute sagen: »Oh, was für eine Kombination!«, »Oh, was für günstige Preise!« Und das ist dann eben wichtiger als anständige Beratung.

Heute hat kaum noch jemand Ahnung von Blumen,

manchmal greift man sich echt an den Kopf. Steht neulich eine junge Frau vor mir mit einer verblühten, mausetoten Sonnenblume in der Hand. Sie knallt mir den Topf auf den Tisch und fragt: »Was mach ich denn damit?« Sag ich: »Machen Sie einen goldenen Henkel dran, und schmeißen Sie alles zusammen weg!« Und sie: »Ne, Sie haben mich falsch verstanden, wie bekomme ich die über den Winter? Die war doch so teuer!« Da denke ich, hat die in der fünften Klasse nicht zugehört? Sonnenblumen sind einjährig, die können gar nicht überwintern. Früher war so was doch Allgemeinwissen.

Rosen sind auch so ein Thema. Alle wollen immer knospige Rosen. Weil sie glauben, die gehen dann ja noch auf. Manche sind aber totaler Schrott, und ich muss den Leuten immer erzählen, dass eine aufgeblühte Rose keine verblühte Rose ist. Eine gute Freilandrose erkennt man am Duft. Gewächshausrosen duften ja kaum. Der Stängel ist auch nicht so blassgrün, sondern schön dunkel, manchmal sogar dunkelrot. Und er wird auch nie so gerade gewachsen sein wie bei Gewächshausware.

Neulich habe ich richtig schöne Zinnien reinbekommen, von meinem Bauern selbst gepflückt. Da hatte eine Frau einen Strauß gekauft, und zwei Tage später bringt sie mir den wieder: »Ja, schauen Sie sich das mal an, das sieht ja furchtbar aus, so kann ich die mir nicht mehr ins Wohnzimmer stellen.« Ich sage: »Gute Frau, das ist Mehltau, das ist ganz normal, Zinnien sind dafür prädestiniert. Halten Sie die Blumen unter fließendes Wasser, dann sind sie wieder schick.« Wollte sie aber nicht, sie wollte ihr Geld zurück, weil ja jeder sehen könnte, dass die Blumen hin sind. Hat sie auch bekommen, ihr Geld. Zinnien sind was ganz Besonderes, und wer das nicht zu schätzen weiß, der bekommt eben auch keine. Da standen schon Kunden hinter ihr in der Schlange, die die Blumen haben wollten. Ich lass mir doch von jemandem, der keine Ahnung hat, nicht erzählen, meine Blumen wären schlecht. Auch wenn für mich jeder Euro zählt, werfe ich ganz bestimmt keine Perlen vor die Säue.

Die Leute wissen nicht mehr, wann was blüht und wann was reif wird. Ich werde im Herbst immer nach Zweigen gefragt, dabei darf erst nach dem ersten Frost oder im zeitigen Frühjahr überhaupt geschnitten werden. Das weiß heute keiner mehr. Und die meisten fühlen sich geschulmeistert, wenn ich ihnen was erkläre, die wollen sich von der blöden kleinen Verkäuferin nichts sagen lassen.

Klassisches Beispiel: der Ficus, der kleinblättrige Gummibaum, das Hätschelkind aller deutschen Haushalte, obwohl er dafür eigentlich gar nicht geeignet ist. Wird zwei Meter fünfzig groß und in einem Minitopf im Baumarkt verkauft. Der kann gar nicht lange durchhalten, weil er nämlich abgehackte Wurzeln hat. Aber da denken die Leute gar nicht drüber nach. Auch dass der Gummibaum nicht ohne Grund »Baum« heißt. Ein Baum ist bestrebt, eine Krone zu bilden, also schmeißt er unten die Blätter ab und schiebt oben immer kräftig nach. Eigentlich müsste er regelmäßig beschnitten werden, damit er unten nachtreibt, macht aber natürlich keiner. Oma päppelt ihren Ficus schön, freut sich über die neuen Triebe oben und wundert sich, warum er unten Blätter verliert. So was erklärt einem im Baumarkt oder bei »Blume 2000« natürlich keiner, aber da ist es eben am billigsten.

Das Schlimmste für einen deutschen Haushalt ist ja, wenn eine Pflanze im Herbst die Blätter verliert. »Hilfe, mein Ginkgo geht ein!« Dabei ist das völlig normal, dass der im Herbst die Blätter abwirft. Da steht halt dann von November bis März ein kahler Strunk, aber Geduld haben die Leute nicht.

Viele von denen, die hier in der Stadt so tolle Dachterrassen haben, wollen auch immer, dass alles gleich schön aussieht und dann bitte auch von März bis November blüht. Die geben den Pflanzen nicht die Zeit, sich an eine Umgebung zu gewöhnen und zu wachsen, die wollen da gleich ausgewachsene Bäume hinhaben. Aber so ein altes Gewächs verpflanzt sich eben auch nicht so leicht und gewöhnt sich schlecht um. Pflanzen sind schließlich auch bloß Menschen.

Was hab ich mir schon den Mund fusslig geredet: »Pflanzen Sie da oben keinen Bambus, Bambus verträgt keinen Wind!« – »Ach, Quatsch«, sagen dann alle, »Bambus wächst doch auch sonst überall.« Ne, wächst er eben nicht. Und dann wundern sie sich, wenn der nach zwei Jahren hin ist.

Besonders beknackt finde ich Bougainvillea! Da kommen die Kunden nach den Ferien in den Laden und sagen: »Ach, war das schön in Marokko, haben Sie nicht eine Bougainvillea für mich?« Aber die werden bei uns nichts, die sind nicht winterhart, drinnen vertreiben sie sich und verblühen dann. Genau wie der schöne Jasmin. Der wächst eben nicht bei uns, und das hat ja auch seinen Grund, also soll man sich so was auch nicht auf den Balkon stellen.

Ich mag wild wuchernde Balkonbepflanzungen, und ich freue mich immer, wenn ich hier im Kiez mal so was entdecke. Die einheimischen Sachen sind ja auch viel robuster. Ich finde, man soll auch ruhig ein bisschen was ausprobieren. Neulich hatte ich einen Kunden, der zieht Mammutbäume auf seinem Balkon, ohne Quatsch! Er macht da eine Art Bonsaiziehung draus, warum auch nicht? Nur Geranien nebeneinander finde ich auch langweilig. Viele wollen natürlich so richtige Geranienwasserfälle am Balkon, so wie in Bayern und Österreich. Die müssen natürlich jedes Jahr neu gepflanzt werden. Da habe ich auch schon dran gedacht: In so ein bayerisches Kaff ziehen und nur Geranien verkaufen – da kann man bestimmt auch sein Geld mit machen.

Die Deutschen geben für Blumen und Pflanzen im Jahr rund 8,5 Milliarden Euro aus. Das entspricht einem Pro-Kopf-Verbrauch von knapp 105 Euro. Allein für Schnittblumen berappen die Deutschen jährlich drei Milliarden Euro. +++ Der Anteil aus deutscher Produktion liegt bei nur 19%. Deutschland ist weltweit eines der größten Schnittblumenimportländer. +++ Wichtigstes Lieferland sind die Niederlande mit einem Anteil an den Schnittblu-

menimporten von fast 85 %. +++ Die heutige Berufsbezeichnung »Florist« wurde 1967 offiziell in Deutschland eingeführt. +++ Arbeiter auf Blumenplantagen in Kenia verdienen weniger als einen Euro am Tag.

»Viele sind dem Job psychisch nicht gewachsen.«

Carola, 44 Jahre, Callcenteragentin, muss sich für die Fehler anderer anschreien lassen und kann dennoch den Ärger der Anrufer gut verstehen.

Ich arbeite in einem Callcenter, das hauptsächlich Telekom-Kunden betreut. Und ich muss ehrlich sagen: Ich verstehe den Ärger vieler Kunden sehr gut. Ich wundere mich manchmal fast, mit welcher Ruhe die Leute schon zum vierten Mal anrufen, weil ihr DSL auch nach Wochen noch nicht funktioniert, oder weil sie immer noch falsche Rechnungen bekommen. Oder weil es die Telekom einem wahnsinnig schwer macht, einen Anschluss zu kündigen, zum Beispiel wenn jemand stirbt. Oma ist tot, also schickt man der Telekom die Sterbeurkunde, aber der Anschluss läuft noch auf den längst verstorbenen Ehemann weiter. Auf Omas Sterbeurkunde steht zwar drauf: Frau Müller, Witwe von Herrn Müller. Trotzdem müssen die Angehörigen dann auch noch die Sterbeurkunde von Opa hinterherschicken, das ist doch eine Zumutung für die Leute.

Wer solche Erlebnisse hat, der holt sich doch nie wieder

einen Anschluss von der Telekom. Und wer als Callcenteragent da gerne mal ein Auge zudrücken würde und sich nicht an die Vorschriften hält, der riskiert seinen Job.

Die Telekom rühmt sich gern, besonders niedrige Beschwerdezahlen zu haben. Das liegt aber nur daran, dass die nur die schriftlichen Beschwerden zählen. Und bis jemand einen Brief aufsetzt, muss ja schon eine Menge passiert sein. Die normale Reaktion ist doch: Ich rufe da an und falte den Erstbesten zusammen, den ich an der Strippe habe. Und das sind nun mal wir, die Callcenteragenten.

Das ist es, was diesen Job so anstrengend macht. Man ist nur ein kleines Teilchen in diesem riesigen Mosaik und hat selber oft gar nicht die Möglichkeiten, einen Prozess wirklich von Anfang bis Ende durchzuführen. Ständig muss man die Fehler und Entscheidungen anderer Leute ausbügeln und sich dafür anpöbeln lassen.

Wenn jemand zum fünften Mal anruft, weil die Rechnungen immer noch an die falsche Adresse kommen, dann weiß ich genau: Da war einfach eine andere Agentin vorher nicht in der Lage, die Rechnungsadresse zu ändern. Das ist das Einfachste von der Welt, aber viele sagen dann: »Ja, hab ich gemacht, auf Wiederhören!« Und in Wahrheit ist gar nichts passiert. Das liegt auch an dem Druck, der in dieser Branche herrscht. Man weiß: Die will nur ihre Adresse ändern, der verkaufe ich sicher nicht noch nebenher einen Handyvertrag, also sehe ich zu, dass ich die möglichst schnell wieder loswerde. Sonst muss ich mir wieder vom Chef anhören, warum ich diese Woche schon wieder vier Verkäufe zu wenig abgeschlossen habe.

Die meisten Callcenter sind chronisch unterbesetzt. Da haben die Anrufer schon schlechte Laune, sobald man sie in der Leitung hat, weil sie vorher ewig in der Warteschleife hingen.

Es weiß ja auch kaum einer, wie es in so einem Callcenter zugeht, die Leute denken, da sitzen vier faule Weiber beim Kaffee, und erst nach zehn Minuten bequemt sich mal eine ans Telefon. Bei der Auskunft haben auch häufig Leute angerufen und sich gemeldet mit: »Ich bin's noch mal!« Die wenigsten haben eine Vorstellung, was für eine riesige Maschinerie dieses Anrufmanagement ist.

Es herrscht die totale Überwachung, zumindest in vielen Callcentern. Wie erfolgreich man ist im Verkauf, wie viele Calls man schafft, wie man die Gespräche führt – alles wird überwacht. Es gibt sogar Testanrufer, die richtig aggressiv werden, um zu überprüfen, wie hoch die Stressresistenz eines Mitarbeiters ist. Wenn du hundert Prozent Leistung gebracht hast, dann wollen sie hundertzwanzig Prozent. Du bist nie gut genug, es wird nie gelobt.

Es gibt Betriebe, da muss man sogar unbezahlt zur Toilette gehen. Wer von seinem Platz aufsteht, muss sich aus dem System ausloggen und bekommt eben für diese Zeit auch kein Geld. Andere hocken zu zehnt auf zehn Quadratmetern, arbeiten an Bildschirmen, die diesen Namen nicht verdienen, und bekommen fünf Euro die Stunde. Gerade im Osten, in Gebieten mit hoher Arbeitslosigkeit, wird den Leuten ganz klar gesagt: »Wenn du deine Leistung nicht bringst, aufmuckst oder dich gar im Betriebsrat engagierst, dann wirst du eben durch den nächsten Arbeitslosen ersetzt.«

Ganz so schlimm ist es bei uns nicht, mein Callcenter ist sicherlich eines der besseren der Branche. Das liegt aber auch daran, dass wir noch alte Telekomtarifverträge haben. Früher haben wir noch richtig zur Telekom gehört, dann sind wir an eine andere Firma verkauft worden, an Arvato. Was heißt verkauft – verschenkt! Die Telekom hat sogar noch ein paar Tausend Euro pro Mitarbeiter draufgelegt, weil das den Konzern immer noch billiger kam, als uns einfach rauszuschmeißen. Viele unserer Mitarbeiter sind über fünfzig, die hätte man gar nicht einfach rausschmeißen können. Die waren schon vorher hin und her geschoben worden, weil sie an ihrem ursprünglichen Platz nicht mehr gebraucht wurden. »Clearing« nennt man das. Wir haben technische Zeichner und Buchhalter, die vor zig Jahren mal bei der Bundespost angefangen haben und jetzt eben im Callcenter gelandet sind. Und für die ist das besonders bitter, von ihrem ehemaligen Arbeitgeber einfach so verscherbelt worden zu sein.

Früher habe ich die Telekom verteidigt wie eine Löwin ihr Junges, egal ob wir teurer und langsamer waren, ich hatte immer ein Argument, warum Telekom doch die bessere Wahl ist. Ich habe mich stark mit dem Unternehmen identifiziert, heute kann ich das wirklich nicht mehr behaupten.

Ich selbst habe vor fünfundzwanzig Jahren mal bei der Bundespost angefangen, damals in der Auskunft. Heute bin ich Teamleiterin, das heißt, ich coache die Mitarbeiter bei der Gesprächsführung und zeige ihnen, wie man einen aufgebrachten Kunden beruhigt und ein Gespräch zielgerichtet führt. Viele drehen zu viele Schleifen und kommen nicht zum Punkt. Oder sie lassen sich von den Kunden zu lange was erzählen. Das sind ja kostenfreie Rufnummern, da rufen viele auch einfach nur zum Quatschen an, und da muss man den Punkt finden, höflich, aber bestimmt das Gespräch zu beenden.

Wir sind auch angehalten, bei jedem Kunden nach Möglichkeit den Tarif zu »optimieren«, sprich: Ihm was zu verkaufen. Einen neuen Handyvertrag oder ein DSL-Paket. Je länger die Callcenteragenten schon für die Telekom arbeiten, desto eher haben sie Hemmungen, einer fünfundsiebzigjährigen Oma ohne Computer DSL anzudrehen. Aber die Jungen, die von der Straße rekrutiert wurden, denen wird von den Vorgesetzten ganz klar gesagt: »Wenn Oma Ja gesagt hat, dann hat sie Ja gesagt. Profit ist das Einzige, was zählt.« Und die haben dann auch weniger Hemmungen beim Verkaufen.

Es gibt natürlich Strategien, den Erfolg beim Verkaufen zu steigern. Was gar nicht geht, ist Druck. »Sie müssen!«, sollte man niemals sagen. Das Wort »Problem« ist sowieso verboten. Und was auch nicht geht, sind Konjunktive und Weichmacher, also: »Ich könnte Ihnen da vielleicht dieses Angebot machen …«, so verkauft man nie was. Man sollte den Kunden immer Alternativen bieten. Wenn er die Wahl bekommt, sich zwischen zwei Tarifen zu entscheiden, ist es wahrscheinlicher, dass er sich für einen entscheidet, als dass er sagt: »Nein danke, ich möchte gar nichts.«

Das ist etwas, was ich auch im normalen Leben anwende: Wenn ich rede, dann kurz, klar und der Wahrheit entsprechend. Ich formuliere präzise Wünsche, ohne »könnte«, »hätte« und »vielleicht«. Und es macht mir Spaß zu beobachten, wie solche Strategien funktionieren. Ein richtig guter Callcenteragent kann ein Gespräch ganz bewusst lenken – und das hilft im Alltag natürlich enorm. Ich habe einen Kollegen, der kann dich betrunken reden – ein echtes Kommunikationsgenie.

Auch die Stimme ist ganz wichtig. In der Stimme spiegeln sich Persönlichkeit und Stimmung. Wenn ich unsicher bin oder schon auf dem Weg zur Arbeit die ganze Zeit gedacht habe: »O Gott, heute habe ich bestimmt nur Idioten an der Strippe«, dann kommt es auch meistens so. Da eskalieren dann Gespräche, die überhaupt nicht schlecht laufen müssten, und alles wegen einer kleinen Nuance in der Stimme.

Häufig gerate ich mit Frauen aneinander, das wird dann richtiger Zickenkrieg. Männliche Anrufer dagegen lassen sich von einer weiblichen Agentin viel besser runterholen. Wenn man sich da als Agentin entschuldigt und vielleicht noch sagt: »Ich kann ja auch nichts dafür!«, dann gehen bei den meisten Männern sofort die Beschützerinstinkte an, und sie beruhigen sich wieder.

Natürlich gibt es Textbausteine, die man verwenden muss. So gibt es zum Beispiel eine feste Begrüßungs- und Verabschiedungsformel, und es wird streng darauf geachtet, dass man die auch benutzt. Nach dem Gespräch finden nämlich oft Kundenbefragungen statt, da müssen die Kunden wählen, wie zufrieden sie waren, auf einer Skala von »äußerst zufrieden« bis »gar nicht zufrieden«. Deshalb musst du schon in der Verabschiedung zum Kunden sagen: »Ich hoffe, ich habe Ihnen helfen können und Sie waren mit diesem Gespräch äußerst zufrieden.« Damit der Kunde sich danach auch gleich an »äußerst zufrieden« erinnert und das dann bei der Befragung auch angibt. Bescheuert, kein Mensch spricht doch so. Und das merkt der Kunde doch auch, das klingt total unnatürlich. Da fühlt man sich doch nicht ernst genommen, wenn man weiß: Die musste das jetzt so sagen.

Man muss als Callcenteragentin kommunikativ, motiviert und selbstbewusst sein. Und vor allem muss man ein dickes Fell haben, denn man wird einfach sehr viel beschimpft. Ich sage mir immer: Der meint ja nicht mich. Und das gebe ich auch meinem Team weiter: »Ihr müsst euch nicht anpöbeln lassen. Wenn euch jemand anschreit und beleidigt, dann beendet das Gespräch.« So etwas geht natürlich nur in den etwas besseren Callcentern. Wer in anderen Callcentern von sich aus ein Kundengespräch beendet, der beendet da auch gleich seine Karriere.

Natürlich nimmt man das auch mit nach Hause, diese Aggressivität. Viele sind dem Job psychisch nicht gewachsen, werden häufig krank. Ich hatte mal eine Kollegin, der haben so die Hände gezittert bei der Arbeit, die konnte vor Angst nicht mal mehr ihren Namen fehlerfrei aussprechen. In den meisten Callcentern wird erwartet, dass du das aushältst und schluckst. Und wenn ein Gespräch dann eskaliert, muss man Angst um seinen Job haben. Besonders wenn Kunden merken, dass sie eigentlich im Unrecht sind, beschweren sie sich hinterher und behaupten, man wäre unverschämt und frech gewesen. Und viele Teamleiter stellen sich dann nicht vor ihre Mitarbeiter und versuchen, den Kunden zu beschwichtigen, und geben so den Druck direkt weiter.

Besonders in den Abendschichten gibt es auch viele Anrufer, die anzüglich werden und fragen, welche Farbe der Slip hat, den man gerade trägt, und so was. Und es gibt viele Betrunkene und Verzweifelte. Viele alte Menschen rufen an, weil sie einsam sind und Kummer haben. Die erzählen dann, dass sie niemanden mehr haben oder dass ihr Sohn sie seit Jahren nicht mehr besucht. Das geht einem schon nah, und solche Leute kann man auch nicht sofort eiskalt aus der Leitung schmeißen, auch wenn die Chefs das von einem erwarten.

Früher bei der Auskunft habe ich sogar mal die Polizei zu einem Anrufer nach Hause geschickt, weil ich Angst hatte, der tut sich was an. Der war so verzweifelt am Telefon, den konnte ich nicht einfach mit einem »Tut mir leid, da kann ich auch nichts tun!« aus der Leitung werfen.

Es gibt auch Anrufer, die ein bisschen mit einem flirten, so was rettet jeder Callcenteragentin den Tag. Und man macht sich natürlich aufgrund der Stimme ein Bild vom Anrufer, auch wenn die Wirklichkeit selten was damit zu tun hat. Ich hatte mal einen Zahnarzt in der Leitung, der war wahnsinnig nett. Und weil ich so Angst vorm Zahnarzt habe, dachte ich, den probiere ich mal aus. Ich hatte mir einen großen, dunkelhaarigen Mann vorgestellt. Tatsächlich war er klein und ganz blond und passte überhaupt nicht zu seiner Stimme. Nett war er trotzdem, und vor allem ein super Zahnarzt.

Natürlich ist der Job auch körperlich anstrengend. Dieses akzentuierte, klare Sprechen den ganzen Tag über. Auch dass man immer hoch konzentriert sein muss, nie mal einfach fünf Minuten aus dem Fenster gucken und mit den Gedanken abschweifen kann. Und das viele Sitzen und Starren auf den Bildschirm.

Wenn ich abends nach Hause komme, habe ich keine Lust mehr zu telefonieren. Mal eine halbe Stunde mit einer Freundin am Telefon quatschen, das mache ich so gut wie nie. Und mein Handy habe ich nur für Notfälle in der Tasche. Köche, die den ganzen Tag in der Küche stehen, zaubern ihren Familien daheim ja auch nicht jeden Abend ein Drei-Gänge-Menü.

Natürlich bin ich auch privat sensibler, was die Callcenteragenten betrifft, bei denen ich anrufe. Für mich ist es nicht selbstverständlich, dass da auch um 20.30 Uhr noch jemand sitzt, der meinen Anruf entgegennimmt. Und ich bin auch verständnisvoller denen gegenüber, die bei mir anrufen. Ich kaufe immer noch nichts am Telefon, aber ich knall auch nicht einfach den Hörer auf. Ich hab auch schon mal zu einem Anrufer gesagt: »So verkaufen Sie nie im Leben was, wenn Sie das hauptberuflich machen, lassen Sie sich eine Kommunikationsschulung geben.«

Klar, bei so aggressiven Verkäufern mit besonders platten Sprüchen werde ich auch sauer: »Wollen Sie jeden Monat soundso viel sparen?« – »Nein, will ich nicht!« – »Ach, Sie haben also Geld zu verschenken?« Klar, ich weiß, das wird denen so vorgegeben, aber da fällt es mir schwerer, nett und ruhig zu bleiben.

Gut möglich, dass ich bald etwas ganz anderes mache. Arvato hat nämlich beschlossen, unseren Standort nächstes Jahr dichtzumachen. Wir sind denen zu teuer, und der Betriebsrat ist zu aufmüpfig. Arvato geht von einem Jahresbruttogehalt von fünfzehntausend Euro für einen Callcenteragenten in Vollzeit aus. Durch unsere alten Telekomtarifverträge verdienen wir aber noch deutlich mehr. Und auf Lohnkürzungen wollten wir uns alle nicht einlassen, in meinem Fall hätte das inklusive weniger Urlaub und längerer Arbeitszeiten ein Minus von achtundvierzig Prozent bedeutet. Da hat kaum einer mitgemacht. Also machen sie den Standort einfach dicht und behalten nur noch die weiter im Osten, wo sie die Leute noch billiger bekommen.

Manchmal frage ich mich, wie Callcenteragenten mit diesen Gehältern Familien ernähren sollen. Das ist doch das Letzte, dass viele Firmen einfach davon ausgehen, dass der Staat das ausgleicht und die Gehälter aufstockt, damit die Leute überhaupt überleben. Und da sind doch auch die Auftraggeber gefragt: Die Telekom gehört ja immer noch zu einem großen Teil dem Staat, die müssten doch ein bisschen darauf achten, an wen sie Aufträge verteilen und ob die Leute da ordentlich behandelt und bezahlt werden. Aber es geht nur noch um Profit.

Um meine Zukunft mache ich mir keine Sorgen, ich bin gut ausgebildet, ich bin sehr kommunikativ und kann mich gut verkaufen, ich finde schon wieder irgendwo einen neuen Job. Aber bei uns sind viele, die sich in ihrem ganzen Arbeitsleben noch nirgends bewerben mussten, die stehen jetzt mit Mitte fünfzig zum ersten Mal vor dieser Situation. Und vom Arbeitsamt werden die natürlich auch als Erstes wieder ins Callcenter vermittelt, obwohl sie mal was ganz anderes gelernt haben und nie im Callcenter arbeiten wollten. Da sind ein paar dabei, die sind so schüchtern, die könnten nicht mal bei McDonald's an der Kasse stehen. Ist doch kein Wunder, dass diese Branche einen so schlechten Ruf hat. Wer sagt, er arbeitet im Callcenter, wird doch nur mitleidig angekuckt. »Oh, du arme Sau«, kriegt er dann zu hören. »Wohl nichts Besseres gefunden?«

In den rund 5700 deutschen Callcentern arbeiten knapp 450000 Beschäftigte. +++ Während die Callcenterbranche jährlich um rund 12% wächst, werden die Beschäftigten teilweise mit Stundenlöhnen von 5 bis 6 Euro abgespeist. +++ Die Mitarbeiter von Callcentern sind starken Belastungen ausgesetzt und stehen unter großem Zeit- und Erfolgsdruck. Teilweise müssen Agenten ohne Unterbrechung bis zu 20 Gespräche pro Stunde führen. +++ Rund 80000 neue Stellen sollen in den nächsten Jahren noch entstehen.

»Die Alten werden bei der Pflege beschissen.«

Ilona, 37 Jahre, Altenpflegerin, hat bei der Arbeit immer die Uhr im Blick – und ihren Fluchtweg aus der Wohnung.

Als Pflegerin bin ich für die Patienten alles: Herzchen, Prellbock oder auch mal der Arsch vom Dienst. Die meisten sind wirklich sehr lieb und dankbar. Aber natürlich sind auch mal ein paar Stoffel drunter, die mit so Sprüchen kommen wie: »Ihr Jungen, ihr habt ja noch gar nichts geleistet im Leben!«, die muss man sich dann eben ein bisschen erziehen.

Manche Menschen können furchtbar anstrengend sein und sehr verbittert, das muss man dann so hinnehmen. In der Regel helfen da ein paar klare Worte, dann kommt man auch gut mit denen aus. Das sind Nüsse, die ich gern knacke. Es kommt schon vor, dass ich mal sagen muss: »Jetzt ist aber Schluss! Ich kann nichts für Ihre schlechte Laune. Hier haben Sie ein Kissen, boxen Sie da mal richtig rein!«

Ich kann mir gut vorstellen, wie schwer das ist, wenn man kein Ventil mehr für seine Wut hat. Und dann bekommt es eben die Pflegerin ab, sonst ist ja niemand da.

Manchmal finde ich das auch ganz gut, wenn die Patienten ein bisschen giftig sind. Da merke ich: Da ist noch Substanz, da ist noch Kampfgeist! Ich kann das gut verstehen: Jeden Tag latscht bei denen eine andere Pflegekraft durch die Wohnung, kommt einfach mit einem Schlüssel rein und verletzt deren Intimsphäre. Man darf nicht vergessen, dass man auch ein bisschen zu Gast ist bei den Leuten.

Respekt ist in der Pflege das A und O, und es macht mich wütend, wenn ich mitbekomme, dass Leute diesen Job nicht mit Lust machen und respektlos sind. Ich gebe Pflegefortbildungskurse an einer Hochschule, und da sage ich den Schülern immer: »So, jetzt probiert ihr das mal aus. Legt euch mal da rein ins Bett, und jetzt komme ich und sage: ›Na, Oma, jetzt gehen wir mal Pipi machen. So, Oma, hier, friss die Tabletten. Und jetzt mal ausziehen, jetzt wird der Popo gewaschen.‹ Na, wie fühlt sich das an? Scheiße, oder? Wenn man kein Gefühl dafür hat, wie demütigend das sein kann, auf fremde Hilfe angewiesen zu sein, wird man auch kein guter Pfleger.«

Manchmal sind mir die Alten lieber als die Jungen. Alte Menschen können unglaublich witzig sein, manche haben einen tiefschwarzen Galgenhumor. Die erzählen Storys, da rollen sich mir die Fußnägel hoch. Ich lache sehr viel bei der Arbeit. Und ich helfe gern. Ich liebe meinen Job auch deshalb, weil ich manchmal abends nach Hause komme und das Gefühl habe, heute dafür gesorgt zu haben, dass es jemandem besser geht.

Es gibt sehr viele einsame alte Menschen, wo man

denkt: Die haben niemand mehr. Aber in den allermeisten Fällen gibt es da durchaus Verwandte oder Kinder. Da hat es dann mal vor Jahren einen Streit gegeben, und dann haben sich die Fronten so verhärtet, dass keiner mehr den ersten Schritt auf den anderen zu wagen will. Neulich hatte ich eine alte Dame, die sagte mir, dass ihr Bruder Geburtstag hat. Und ich frage sie: »Haben Sie ihn denn schon angerufen?« Und sie antwortet: »Nein, der ruft mich ja auch nie an!« Zwei sture Böcke, die deshalb seit Jahren nicht miteinander gesprochen haben. Also habe ich gesagt: »Jetzt seien Sie mal nicht so stur, wir rufen da jetzt zusammen an.« Und der Bruder hat sich total gefreut.

Ich rufe auch bei den Kindern an und sage: »Hören Sie, ich weiß, Sie haben seit Jahren keinen Kontakt mehr mit Ihrer Mutter, aber sie liegt im Sterben, und Sie haben nicht mehr viel Zeit.« Und ich habe noch nie erlebt, dass jemand gesagt hätte: »Mir doch egal!« Die sind froh, dass man sie anruft. Manchmal braucht es einfach jemanden von außen, der da eine Brücke baut. Es macht mich fassungslos, wegen welcher Lappalien Familien nicht mehr miteinander reden.

Wenn ich morgens in die Zentrale fahre, bekomme ich meinen Plan und meine Schlüssel in die Hand gedrückt, und dann kurve ich los. Bei der mobilen Pflege weiß man selten, was einen erwartet, wenn man zur Tür reinkommt. Ich weiß vorher fast nichts über die Patienten. Da sind auch einige psychisch Kranke dabei, einer ist mir mal an den Hals gegangen. Den habe ich nur weggeschubst und bin weggerannt. Es gibt auch ein paar Alkis, da sehe ich mit einem Blick auf den Bierkasten an der Tür, wie die Stimmung wohl sein wird. Ein anderer hatte die Türklinke von innen abgeschraubt, damit ich nicht wieder rauskomme. Seitdem achte ich immer drauf, wo der Schlüssel ist, ob die Türklinken da sind und ob ich im Zweifel einen schnellen Fluchtweg habe. Man muss sehr wachsam sein. Einer Kollegin hat mal ein Irrer ein Messer an den Hals gehalten, die musste im ersten Stock aus dem Fenster springen.

Ich habe manchmal dreißig Einsätze am Tag und fahre dabei an die hundert Kilometer durch die Gegend. Jetzt habe ich mir auch einen Navi gekauft, mit Stadtplan und Landkarte wird man ja verrückt bei dem Zeitdruck. Ich verabreiche Tabletten und Spritzen, wechsle Verbände, wasche die Leute auch oder mache mal ein Abendbrot. Und für alles gibt es eine exakt festgelegte Zeitspanne. Für eine Injektion sind zum Beispiel fünf Minuten eingeplant, das absolute Maximum ist eine halbe Stunde. Das bekommt man aber wirklich nur mit der höchsten Pflegestufe.

Ich muss ein Lesegerät dabeihaben, da muss ich, wenn ich komme, die Karte des Patienten reinstecken, und wenn ich gehe noch mal. Und nur exakt diese Zeit wird auch von der Kasse bezahlt. Wenn ich mal länger brauche, weil jemand eben mal eine Viertelstunde auf dem Klo sitzt: Pech gehabt.

Der Zeitdruck versaut mir den Spaß an der Arbeit. Sozialer Kontakt, mal ein Gespräch führen, das ist doch total wichtig für die Leute. Da kommt doch sonst keiner, manche sitzen wirklich die ganze Zeit vor dem Fernseher, zu denen dringt man geistig nur noch schwer vor.

Neulich hatte ich so einen, da habe ich richtig gemerkt, der weiß schon gar nicht mehr, wie man sich mit jemandem unterhält. Aber ich komme doch nicht, um mit dem vorm Fernseher meine halbe Stunde abzusitzen. Also habe ich gesagt: »So, anziehen, wir gehen jetzt mal raus, spazieren.« Da war der schon seit fast vier Monaten nicht mehr vor der Tür gewesen. So was macht mich fuchsig, dass meine Vorgängerin offenbar nie auf die Idee gekommen ist, den mal unterzuhaken und an die frische Luft mitzunehmen. Da wundert es mich nicht, dass viele Leute Pflegekräfte nur als Arschabputzer sehen. Weil es viel zu viele gibt, die eigentlich keine Lust haben auf diesen Beruf.

Viele Pflegekräfte steigen nach etwa drei Jahren im Job wieder aus. Und das ist ein Riesenproblem. Der Job ist schlecht bezahlt – ich arbeite für etwas mehr als acht Euro die Stunde, da lacht sich ja jede Putzfrau schlapp. Und er ist körperlich unglaublich anstrengend. Man muss viel heben, die wenigsten haben ja ein Pflegebett zu Hause, das man schön hoch- und runterfahren kann. Die liegen in diesen tiefen, durchgelegenen Ehebetten – das ist der Horror, die da rauszuwuchten.

Da denken sich viele nach kurzer Zeit: Mal gucken, was ich sonst noch so machen kann, um mein Geld zu verdienen. Und wenn dann die Arbeitsmarktsituation schlechter wird oder das mit dem anderen Job auch nicht klappt, kommen sie halt wieder zurück. Pflegekräfte werden nämlich immer gesucht. Und unmotivierte Mitarbeiter braucht man natürlich wie ein Loch im Kopf: Sie haben keinen Spaß am Beruf und machen das nur, weil sie damit ihre Miete zahlen. Die werden dann auf die Leute losgelassen, und das ist wirklich traurig. Außerdem gibt es so viele unterschiedliche Niveaus, da blickt kein Mensch mehr durch. Es gibt die examinierten Pflegekräfte, und dann gibt es Pflegehelfer und die Zivis. Manche sind top, andere können nicht mal Blutdruck messen. In meinen Fortbildungskursen meinten auch ein paar Kandidaten: »Blutdruck messen müssen wir nicht können.« Da hab ich gesagt: »Blutdruck messen – das muss jeder Depp können! Stellt euch vor, ein Patient kollabiert euch, ihr holt den Notarzt, und der fragt dann nach dem Blutdruck. Na, das Gespräch möchte ich euch gern ersparen.«

Es gibt immer fähige und unfähige Leute, es ist immer Glückssache, an wen man als Patient gerät. Ich habe auch eine Weile in einem Krankenhaus gearbeitet, da gab es eine Pflegehelferin, die hat wirklich nur Mist gebaut. Blutkonserven zum Beispiel mit heißem Wasser übergossen, die sind der natürlich alle geplatzt. Normalerweise nimmt man sie einfach rechtzeitig aus der Kühlung und lässt sie langsam auf Zimmertemperatur kommen. Einem Patienten sollte sie Abführmittel verabreichen, vor einer Darmspiegelung. Und als ich reinkomme, hatte der drei Flaschen Wundspülungslösung getrunken. Na, der hatte abgeführt, aber hallo! Der war wirklich sauber von innen. Musste nur leider sofort auf die Intensivstation ...

Klar, Fehler passieren jedem, mir natürlich auch. Ich habe mal einem älteren Herrn Insulin gespritzt, der eigentlich gar keins bekommen sollte. Und während ich es reindrücke, fällt es mir auf. Ich hatte mich einfach verguckt. Dann habe ich ganz ruhig gesagt, was passiert ist, dass ich einen Fehler gemacht habe und jetzt den Arzt rufe. Dass er aber keine Angst haben muss. Hatte er auch nicht, der war ganz cool. Dann kam der Notarzt und hat erst mal Blutzucker gemessen. Und da hat man festgestellt, dass der Mann Diabetiker ist, der hatte total hohen Zucker. Hatte man vorher nie getestet. Wer weiß, wenn ich dem das Insulin nicht aus Versehen gespritzt hätte, wäre der vielleicht kurz darauf ins Jenseits gerauscht. Glück im Unglück, würde ich sagen. Wichtig ist einfach, dass man zu seinen Fehlern steht und gleich reagiert. Niemand ist perfekt. Aber man muss eben sofort Bescheid sagen und im Zweifel einen Arzt rufen, sonst kann es richtig Ärger geben.

Die Alten werden bei der Pflege beschissen. Zum Beispiel, wenn der Medizinische Dienst kommt, die Leute begutachtet und danach entscheidet, welche Pflegestufe sie bekommen. Ich bin mir sicher: Wenn am Ende des Jahres die Budgets ausgereizt sind, dann gibt es nur noch Pflegestufe eins, egal, welche man eigentlich bräuchte. Und das ist doch eine Sauerei.

Außerdem ist es total wichtig, dass da eine Fachkraft dabei ist und die alten Leute unterstützt bei diesem Besuch. Die wollen natürlich zeigen, was sie noch alles draufhaben und wie rüstig sie noch sind – und das ist fatal. Deshalb übe ich das immer mit meinen Patienten. Ich sage zum Beispiel: »Frau Meier, wenn die Dame vom Medizinischen Dienst kommt und Sie bittet, mal aus dem Bett aufzustehen, dann bleiben Sie bitte auf jeden Fall liegen und sagen: ›Das mach ich gern, wenn Sie mich tragen!‹« Ich schärfe denen das richtig ein. Und sie meinte hinterher: »Schwester Ilona, wenn wir das nicht so geübt hätten, wäre ich eingeknickt.«

Was ich an den alten Leuten toll finde: Mit den meisten kann man noch richtig diskutieren. Ich habe auch mal eine Weile in einer Psychiatrie gearbeitet, das fand ich furchtbar. Da musste ich den ganzen Tag mit den Patienten Brettspiele spielen und die auch noch gewinnen lassen, damit sie nicht ausflippen. Bis heute hasse ich Spielabende, da bringen mich keine zehn Pferde mehr dazu. Aber bei der mobilen Pflege gibt es tolle Gespräche oder auch mal eine gute Diskussion. Einmal habe ich einen alten Mann besucht, der mal der örtliche Oberlude gewesen war. Und der sagt zu mir: »Mädel, mit deinem Arsch hättest du auch mal für mich arbeiten können!« Dem habe ich natürlich erst mal erzählt, was ich von Typen wie ihm halte und wie mies ich das finde, Mädchen auf den Strich zu schicken und davon auch noch zu profitieren. Dann sind wir richtig ins Diskutieren gekommen, und er hat mir seine Sicht der Dinge erzählt. Wir sind uns nicht einig geworden, aber interessant war es auf jeden Fall.

Ich hatte auch mal einen älteren Herrn, der wollte auf gar keinen Fall weiter von einem Zivi betreut werden. Er war Soldat im Krieg gewesen, und Zivildienstleistende waren für ihn Drückeberger. Mit dem habe ich auch lange diskutiert, und er hat am Ende auch seine Meinung geändert. Die sind noch richtig dicke miteinander geworden, er und sein Zivi.

Ich freue mich auch immer, wenn alte Ehepaare noch zusammenleben. Wenn es der Mann ist, der Pflege braucht, muss man die Frau stark mit einbeziehen. Wenn man da als junges Ding zu sehr vor dem Alten rumwackelt, dann gibt es nur böses Blut. Deshalb ist es wichtig, die Frauen immer viel zu loben, die leisten ja auch tatsächlich viel. Die kümmern sich ja die anderen dreiundzwanzigeinhalb Stunden um ihre Männer, wenn ich nicht da bin. Und das sollte man anerkennen. Die sind so dankbar, wenn sie mal das Gefühl vermittelt bekommen: Hier sieht jemand, was ich den ganzen Tag leiste.

Natürlich mache ich mir Gedanken darüber, was passiert, wenn ich selber alt werde. Ich möchte ungern von jemandem abhängig sein und mich auch nicht ewig quälen müssen. Zum Beispiel würde ich nie eine Chemotherapie machen, dazu habe ich zu viele Menschen an Krebs sterben sehen, die sich vorher noch ewig durch eine Chemo gequält haben. Denen immer noch Hoffnungen gemacht wurden, obwohl klar war, sie sind nicht mehr zu retten! Und die dann so elendig verrecken, weil sich niemand richtig um sie kümmert. Wenn dann so junge Ärzte, die frisch von der Uni kommen, verfügen: »Der kriegt kein Morphium mehr, der könnte ja abhängig werden«, dann bekomme ich eine solche Wut, dass man so viel unternimmt, die Leute künstlich am Leben zu erhalten, aber kaum etwas, um ihnen das Sterben zu erleichtern und ihnen wenigstens die Schmerzen zu nehmen.

Neulich hat mir eine alte Dame erzählt, dass sie demnächst in die Schweiz fährt, Urlaub machen. Ich habe mir schon gedacht, dass sie nicht wiederkommt. Und so war es auch, die hat sich in der Schweiz beim Suizid helfen lassen. Ich bin wirklich nicht für aktive Sterbehilfe. Aber solange man den alten Menschen das Sterben so schwer macht wie bei uns, habe ich großen Respekt vor so einer Entscheidung.

Zwei Drittel der 2,2 Millionen Pflegebedürftigen in Deutschland werden zu Hause versorgt. +++ Immer weniger junge Menschen wollen in der Pflege arbeiten: Zwischen 1998 und 2006 sank die Zahl der Auszubildenden in der Krankenpflege von 85000 auf knapp 72000. Auch in der Altenpflege sind die Schülerzahlen rückläufig. +++ Ein Grund dafür ist die schlechte Bezahlung der 565000 Beschäftigten der Pflegebranche. Nach Gewerkschaftsangaben verdient eine Pflegehilfskraft in Deutschland mindestens 9,68 Euro die Stunde, wenn sie tarifgerecht bezahlt wird. Jenseits tarifvertraglicher oder kirchenrechtlicher Vereinbarungen verdienen Pflegekräfte in Deutschland zum Teil unter fünf Euro die Stunde. +++ Für das Jahr 2050 rechnen Experten mit 4,35 Millionen Pflegebedürftigen. Schon heute sind 82% aller Pflegebedürftigen in Deutschland 65 Jahre alt oder älter, jeder dritte bereits über 85.

»In dieser Welt zählt jedes Gramm.«

Oksana, 25 Jahre, Ballerina, lebt für die Bühne,
auch wenn es da manchmal zugeht wie auf einem
Fleischmarkt.

Als ich meiner Mutter gesagt habe, dass ich Balletttänzerin werden möchte, hat sie nur gelacht. Ich war schon fast vierzehn, das ist wirklich spät. Und in Russland macht man so etwas entweder ganz oder gar nicht. Man wird nicht mal eben so zum Spaß Tänzerin. Heute kann ich verstehen, dass sie mich nicht ernst genommen hat. Ich habe ihr gesagt: »Ich will lieber Ballett machen, als Querflöte spielen, weil man mit der Querflöte so viel üben muss!« Ich hatte wirklich keine Ahnung, worauf ich mich einlasse, ich glaube, ich war damals ganz schön altklug.

Als Kind konnte ich mit diesem ganzen kitschigen rosa Mädchenkram nichts anfangen, ich habe immer lieber mit den Jungs gespielt. Als ich neun Jahre alt war, sind wir von Russland nach Deutschland gezogen. Meine Eltern sind beide Musiker und haben immer sehr viel Wert darauf gelegt, dass ich mit Musik und Kultur in Berührung komme. Wir waren immer viel im Theater, ich habe

Querflöte und Klavier gespielt, habe im Chor gesungen und ein bisschen Jazztanz gemacht.

Meine Tanzlehrerin muss irgendetwas in mir gesehen haben, sie hat zu mir gesagt: »Du bist gut, aber dir fehlt etwas. Du musst mehr Haltung bekommen, mehr Basis. Mach doch mal ein bisschen Ballett.« Zu der Zeit habe ich hier im Opernkinderchor gesungen, und hinter der Bühne habe ich dort immer die Tänzerinnen gesehen. Und ich fand das toll, wie sie sich bewegen, diesen eleganten Gang, und dass sie so viele unterschiedliche Sprachen sprechen. Das hat mich fasziniert, und dann wollte ich es wissen und habe mit Ballett angefangen.

Als Teenager ist mir Ballett sehr leichtgefallen, ich dachte nach ziemlich kurzer Zeit: So, jetzt kann ich alles. Dachte, ich bin richtig gut, ich war superselbstbewusst. Alle haben mich immer gelobt und mir erzählt, wie begabt ich bin. Und dann hat man mir eine sehr gute und bekannte Ballettlehrerin empfohlen, bei der habe ich dann eine Probestunde gemacht. Ich war mir meiner Sache total sicher, doch sie sagte zu mir: »Du hast keine Chance. Du bist zu alt und zu schlecht. Du hast zwar ganz gute Voraussetzungen, aber das wird nichts. Tut mir leid!«

Damit hatte ich überhaupt nicht gerechnet. Ich war total geschockt. Heute weiß ich, wie wichtig das war, dass sie mich wieder ein bisschen auf den Boden der Tatsachen geholt hat. Ballerina ist ein verdammt schwerer Beruf. Man muss sehr gut und sehr stark sein, um das professionell zu machen. Und ich bin hartnäckig geblieben, sie hat natürlich meinen Ehrgeiz herausgefordert. Ich habe hart gearbeitet, und sie hat irgendwann ihre Meinung geändert. Weil ich mich auch geändert habe, ich habe etwas mehr Demut vor der Sache bekommen und mich bemüht, Korrekturen schnell anzunehmen und umzusetzen.

Heute tanze ich in einer sehr renommierten Kompanie. Ich habe Glück gehabt, es ist wirklich nicht leicht, vom Tanzen zu leben. Nach der Ballettakademie wird man erst mal ins kalte Wasser geschmissen und tingelt von Vortanzen zu Vortanzen. Manchmal ist es wie auf dem Fleischmarkt, zweihundert Tänzerinnen kämpfen um drei Engagements. Alle bekommen eine Nummer, dann macht man ein bisschen Training an der Stange, danach in der Mitte, dann zeigt man vielleicht noch ein paar Sprünge. Die Jury guckt sich das alles mit regungsloser Miene an und sagt hinterher: »Die mit den Nummern 17, 35 und 140 würden wir gerne noch mal sprechen. Allen anderen: Vielen Dank, das war's.«

Manche werden schon gleich an der Stange ausgesiebt, das ist natürlich besonders bitter. Da hat man dann ein Flugticket und ein Hotel bezahlt und fliegt schon raus, bevor man überhaupt etwas zeigen kann.

Jetzt, mit etwas mehr Erfahrung, ist mir klar, dass da sehr subjektive Entscheidungen gefällt werden. Beim Vortanzen sind alle auf sehr hohem Niveau, da entscheidet meistens gar nicht die Technik. Es geht viel mehr um Ausstrahlung und ob die Chemie stimmt, manchmal auch einfach nur darum, ob dem Direktor deine Nase und dein Po gefallen, ob du dünn genug bist. Optik spielt eine ganz entscheidende Rolle. Ich musste nach der Akademie fünfzehnmal vortanzen, bis ich mein erstes Engagement bekommen habe. Als Neuling hat man es besonders schwer, die Direktoren wollen am liebsten natürlich Tänzer mit ein bisschen mehr Erfahrung.

Engagements laufen in der Regel für eine Spielzeit. Wenn man Pech hat, wird der Vertrag dann nicht verlängert, und man steht wieder auf der Straße. Mir ist zum Glück noch nicht gekündigt worden, aber man muss immer damit rechnen. Das sind dann auch ganz subjektive Gründe, plötzlich passt man einfach nicht mehr ins Konzept. Eine Freundin von mir war erste Solistin und hat keine Vertragsverlängerung bekommen. Das ist hart, von einem Tag auf den anderen bist du nichts mehr wert. Gerade noch hast du die Odile/Odette getanzt, und das Publikum hat dir Blumen auf die Bühne geworfen, und plötzlich bist du draußen. Nicht einfach, damit umzugehen und sich immer wieder aufzurappeln.

Ich trainiere fast jeden Tag, ich bin ständig im Ballettsaal. Wenn ich einen Tag lang nicht trainiere, ist das noch okay. Am zweiten Tag merke ich schon, dass das Training fehlt. Und nach drei Tagen ohne Training merken es die anderen. Man ist die ganze Zeit damit beschäftigt, sich in Form zu halten.

Mein Arbeitstag beginnt normalerweise kurz vor zehn. Ich gehe ins Theater, ziehe mich um und wärme mich auf. Um 10.30 Uhr ist Training. Kurz vor 12 gibt es eine Viertelstunde Pause, dann ist Probe bis 14 Uhr. Dann gibt es eine halbe Stunde Pause und danach noch einmal Probe bis 18 Uhr. Wenn wir abends noch Vorstellung haben, trainieren wir nur bis 13.30 Uhr. In der Regel geht das sechs Tage die Woche so, einen Tag bekommen wir frei. Manchmal arbeiten wir auch zwei Wochen durch, wenn viele Vorstellungen sind, dann werden die freien Tage später gegeben.

Der Körper braucht diese Erholungszeit. Am meisten spürt man die Belastung in den Waden und den Füßen. Zu Hause lege ich immer die Beine hoch, kühle die Füße oder dusche sie mir abwechselnd heiß und kalt ab. Und auch der Kopf muss manchmal abschalten; wenn ich privat tanzen gehe, dann am liebsten zu House-Musik. Dann brauche ich Bass!

Am härtesten sind die Wochen vor Weihnachten, da läuft viel *Schwanensee* und *Nussknacker*, da habe ich manchmal fünf Vorstellungen in der Woche. Ich stehe gern auf der Bühne. Es ist eine unglaubliche Atmosphäre, und meistens fühle ich mich voller Energie. Es gibt Tage, da könnte ich das ganze Stück am Ende der Vorstellung gleich noch einmal tanzen. Und es gibt Tage, da ist es auch einfach nur ein Job, da nehme ich diesen ganzen Glamour gar nicht so wahr. Ich konzentriere mich darauf, gut durchzukommen und mich nicht zu verletzen, und denke auch manchmal an was ganz anderes. Natürlich gibt es Routine, es gibt auch ein paar wirklich langweilige, tänzerisch nicht sehr anspruchsvolle Stücke. Und auch wenn ich mich schon als Künstlerin verstehe, ist das, was ich mache, zu einem gewissen Teil auch einfach eine Dienstleistung.

Das Anstrengendste ist übrigens oft das viele Herumstehen auf der Bühne. Ich bin im Corps de Ballet, also keine Solistin. Und das bedeutet, dass ich in vielen Akten mit den anderen Mädchen hinten in einer Reihe stehe, während die Solisten vorn ihr Solo tanzen. Als Zuschauer denkt man sicher: »Ah, wie schön, die können sich ausruhen!« Aber da platzen einem fast die Waden. Ich kann da ja nicht einfach irgendwie rumgammeln, sondern ich muss die Spannung im Körper halten, den Kopf in eine bestimmte Richtung neigen. Und dann plötzlich wieder von jetzt auf gleich springen. In manchen Szenen sitzt man auch im Kreis um die Solistin rum, ziemlich verkrampft. Und dann ist man auch nicht mehr als der Zuckerguss auf einer Torte, reine Dekoration auf der Bühne.

Natürlich wäre ich auch gern Solistin. Aber ich versuche, nicht so zu denken, mich nicht darauf zu versteifen, das bringt mich nur aus der Balance. Ich weiß, dass ich eine gute Tänzerin bin und viele Dinge einfach nicht beeinflussen kann. Ich gebe immer mein Bestes, aber es ist eben auch immer viel Politik im Spiel, wenn es darum geht, wer in einer Truppe gefördert und toll besetzt wird. Das ist vielleicht nicht fair, aber ich habe es nun mal nicht in der Hand.

Es kommen immer mal Gastchoreografen, die in mir eine Solistin sehen und mich auch Hauptrollen tanzen lassen, und das bestätigt mich. Ich bin gut, ich gehe meinen Weg, auch wenn ich in meiner Kompanie vielleicht nie die großen Rollen tanzen werde.

Natürlich muss ich stark auf meinen Körper achten. Wenn wir Ferien haben, dann wird schon erwartet, dass man nicht unbedingt Skifahren geht oder Motorrad fährt,

Dinge, bei denen man sich schlimm verletzen könnte. Ich habe vor Kurzem auch eine Diät gemacht, weil mein Direktor mich darum gebeten hat. Er hat gesagt, ich muss aufpassen, dass ich nicht wie eine Birne aussehe. Da habe ich gesagt, dass ich den Vergleich nicht passend finde, wenn schon, dann sehe ich aus wie eine Violine. Es stimmt schon, ich habe Hüften, ich habe einen Po. Für einen Normalsterblichen sehe ich aus wie ein kleiner dünner Popel, aber im Ballett ist es anders: In dieser Welt zählt jedes Gramm. Und er ist nun mal der Chef – wenn er sagt, ich soll abnehmen, dann nehme ich eben ab. Ich habe eine Diät gemacht, aber man muss dabei gut auf sich aufpassen und nicht übertreiben. Der Körper braucht ja auch viel Kraft und Energie. Es gibt viele Tänzerinnen mit Essproblemen, die irgendwann dieser körperlichen Belastung nicht mehr gewachsen sind, das ist tragisch.

Als Tänzerin kann ich professionell jetzt vielleicht noch etwa zehn Jahre arbeiten. Noch merke ich, dass ich besser werden kann, aber in ein paar Jahren wird der Punkt kommen, wo ich spüren werde: So, jetzt geht es abwärts. Das ist sicher nicht so einfach, und ich versuche, mich innerlich darauf vorzubereiten.

Ich bin wirklich für mein Leben gern Tänzerin, aber ich weiß, dass es auch andere Sachen gibt, die ich kann. Zum Beispiel choreografiere ich gern, vielleicht ist das später für mich eine Option. Oder ich lerne noch einmal etwas ganz anderes. Ich habe mich damals sehr bewusst für diesen Beruf entschieden, ich hätte auch etwas ganz anderes machen können. Musikerin werden oder etwas studieren, mir standen viele Wege offen. Aber ich bereue nicht, mich so entschieden zu haben. Viele meiner Kolleginnen sind in Russland aufgewachsen, die hatten diese Wahl oft nicht. Die haben in ihrem Leben wirklich von klein auf nichts anderes gemacht als Ballett. Und sie kommen in den Westen, weil man hier mehr verdienen kann, sie haben oft nur diese eine Chance. Ich bin froh, dass ich tanze, weil ich Spaß am Tanzen habe, und nicht, weil es die einzige Sache ist, die ich kann.

Jährlich besuchen allein 1,4 Millionen Besucher Ballettaufführungen. +++ Dennoch haben Städte wie Lübeck, Aachen und Cottbus ihre Ballettensembles abgeschafft, Saarbrücken, Leipzig sowie Stuttgart haben kräftig gekürzt. +++ Gut 400 Tänzer sind bei der Zentralstelle für Bühnenvermittlung arbeitslos gemeldet. Für Berufsanfänger und über 30-Jährige sind die Chancen, ein festes Engagement zu finden, denkbar schlecht. +++ Mit durchschnittlich 35 Jahren kann der Körper gerade im klassischen Ballett die geforderten Hochleistungen nicht mehr bringen. +++ Besonders schwierig ist es für Frauen, ein Engagement zu ergattern. Während die Ensembles je zur Hälfte mit Männern und Frauen besetzt sind, treffen beim Vortanzen 200 Frauen auf etwa 20 Männer. +++ Tarifvertragliche Rechte und Ansprüche haben die wenigsten Tänzer. Erst nach 15-jähriger Tätigkeit bei einem Haus hat der Arbeitgeber die Pflicht, die Tänzer weiter zu beschäftigen.

»Wir Verkäuferinnen werden ständig kontrolliert.«

Marina, 44 Jahre, Drogeriefachverkäuferin, weiß, dass für ihre Chefs nur das Geld zählt – auch, wenn sie dabei draufgeht.

Statistisch gesehen wird jeden Tag in Deutschland eine Schlecker-Filiale überfallen. Wir sind ein gefundenes Fressen für Kleinkriminelle: Bei Schlecker sind wir Verkäuferinnen fast immer allein im Laden und sitzen auch noch mit dem Rücken zur Tür. Ein paar Kolleginnen von mir haben in ihren Filialen mal versucht, die Kassen umzudrehen, damit sie wenigstens die Tür im Auge haben. Das gab richtig Ärger mit dem Bezirksleiter.

Sicherheit zählt bei Schlecker nicht viel, und das spricht sich unter Kriminellen natürlich rum. Wir haben auch keine Notknöpfe an der Kasse, mit denen wir schnell die Polizei rufen könnten. Zwar sind immer nur dreihundert bis vierhundert Euro in der Kasse, aber für manche lohnt sich so ein Überfall auch bei kleinen Beträgen. Das sind dann richtige Banden, die ziehen in einem Stadtteil von Filiale zu Filiale und gehen zum Teil ziemlich brutal vor. Die schubsen dich in die Regale, drohen mit Messern und Pistolen. Eine Kollegin ist mal richtig übel zusammengeschlagen worden, und vor ein paar Jahren ist auch mal eine Schlecker-Verkäuferin bei einem Überfall ums Leben gekommen. Eigentlich ein Wunder, dass es mich noch nicht erwischt hat. Aber die Angst, dass jederzeit einer reinkommen und mir ein Messer an den Hals halten kann, die ist immer da.

Ich habe Kolleginnen, die sind nach so einem Überfall gleich am nächsten Tag wieder zur Arbeit gekommen, weil sie Angst hatten, sonst ihren Job zu verlieren. Die Bezirksleiter halten uns auch dazu an, mit so Sprüchen wie: »Wenn einer vom Pferd fällt, muss er auch gleich wieder aufsteigen!« Die wollen nicht, dass wir uns krankschreiben lassen, weil der Überfall dann auch in der Statistik auftaucht.

Nach einem Überfall kommen die Chefs in den Laden und fragen als Erstes: »Wie viel Geld ist noch da?« Nicht etwa: »Wie geht es Ihnen?« Es gibt auch keinen Blumenstrauß oder so. Wenn man Glück hat, gibt es einen Einkaufsgutschein für den Schlecker-Online-Shop.

Krank werden wird bei Schlecker auch nicht gern gesehen. Da ruft schon mal der Bezirksleiter an und fragt nach, wie man es wagen konnte, krank zu werden. Es gibt auch sogenannte »Krankenanschreiben«, mit denen Schlecker die Mitarbeiterinnen auffordert, ihre Ärzte von der Schweigepflicht zu entbinden. Die interessiert wirklich nur, dass der Rubel rollt und der Verkauf reibungslos weitergeht.

Einmal hat die Tochter einer Kollegin beim Bezirksleiter angerufen und gesagt, dass ihre Mutter leider verstorben sei. Da hat er sie angeherrscht, dann müsse *sie* eben heute die Verkaufsstelle aufschließen, wenn ihre Mutter das nun nicht mehr könne. Das ist doch menschenverachtend!

Ich arbeite in Teilzeit, wie die meisten hier bei Schlecker. Das kommt die Firma billiger, weil sie dann keine Pausen bezahlen muss. Ich arbeite also immer Sechs-Stunden-Schichten. In der Zeit bin ich allein im Laden und für alles verantwortlich: Ware aus dem Lager holen, Regale einräumen, Fototüten einsortieren, sauber machen, kassieren und die Kunden bedienen. Zwischendurch ist keine Zeit, um mal aufs Klo zu gehen, ich kann ja den Laden nicht allein lassen. Aber das lasse ich mir nicht mehr gefallen; wenn ich muss, dann schließe ich eben vorne ab. Das wird natürlich überhaupt nicht gern gesehen.

Nach so einer Schicht bin ich meistens ziemlich kaputt. Die schweren Kisten im Lager heben, das ist anstrengend. Und allein, was man den ganzen Tag an Waren übers Band zieht, ich glaube, viele Kunden können sich gar nicht vorstellen, wie sehr das in die Arme geht.

Die meisten Kunden sind jedoch sehr nett, ich muss sagen, dass mir der Job auch nur deshalb Spaß macht. Ich verkaufe gern. Manchmal kommen alte Leute, die sind schon seit Jahren Stammkunden, die geben mir einfach nur einen Zettel, und dann suche ich denen ihre Einkäufe zusammen. Dass die Kunden unfreundlich sind, kommt selten vor. Einmal hatte ich ein zwölfjähriges Mädchen, das eine Flasche Schnaps kaufen wollte, für ihren Papa. Da habe ich mich geweigert, und eine halbe Stunde später stand der Vater dann vor mir, total aggressiv: »Das nächste Mal verkaufst du dumme Schlampe meiner Tochter den Schnaps, sonst hau ich dir in die Fresse!« – »Nein, das mache ich sicher nicht«, habe ich gesagt, und dann ist der auch wieder abgezogen. Aber Angst hatte ich schon, ich war ja wie immer total allein im Laden.

Geklaut wird auch viel bei Schlecker, hauptsächlich Rasierklingen, DVDs und Kosmetik. Das bekommt man meistens gar nicht mit, weil man so viel mit anderen Dingen beschäftigt ist. Einmal habe ich eine Frau erwischt, die einen Karton Waschmittel geklaut hat. Der bin ich hinterher und habe »Stehen bleiben!« geschrien. Da dreht die sich um und wirft den Waschmittelkarton nach mir, der platzt natürlich, und ich bin von oben bis unten mit Waschpulver eingestaubt. Die Polizisten, die das dann später aufgenommen haben, haben sich halb totgelacht. Seitdem überlege ich mir zweimal, ob ich jemandem wirklich hinterherlaufe.

Es gibt auch Testkunden, die werden von Schlecker bezahlt und sollen überprüfen, ob wir alles richtig machen im Laden. Aber die erkennt man sofort, die schauen sich einfach viel zu auffällig in der Filiale um und stellen dann sehr spezielle Fragen, zu Sonderangeboten zum Beispiel. Eigentlich soll ich auch jedem Kunden an der Kasse noch mal erzählen, was es gerade Tolles im Online-Shop gibt. Das ist doch total affig, wenn ich jeden Kunden beim Bezahlen noch frage: »Haben Sie schon gesehen, was es bei www.schlecker.de wieder Tolles gibt? Wir haben da gerade Staubsaugerbeutel im Angebot!« Wenn ich sehe, dass da wieder so ein Testkunde in der Schlange steht, dann rufe ich: »Alle mal herhören: Im Schlecker-Online-Shop gibt es folgende Sonderangebote ...« Findet mein Bezirksleiter natürlich nicht lustig.

In den Filialen hängen Kameras, und die sind natürlich nicht nur zur Überwachung der Kunden gedacht. Wir Verkäuferinnen werden ständig kontrolliert, manchmal direkt nach Ladenschluss vor der Filiale. Da kommt dann einer von den Chefs und sagt: »Tasche auf!« Das ist schon peinlich, wenn man sich auf der Straße so einer Durchsuchung unterziehen muss.

Früher war es noch extremer, da haben sich zum Teil die Bezirksleiter vor der Ladenöffnung hinter den Regalen einbauen lassen, und von da heimlich den ganzen Tag die Mitarbeiterinnen ausspioniert. Wer unbequem ist, muss viel Druck aushalten. Oder wer einfach nicht mehr gewollt wird. Da stehen dann drei, vier Chefs im Laden und bequatschen eine Mitarbeiterin so lange, bis sie von selbst einen Aufhebungsvertrag unterschreibt.

Ich lasse mich so nicht behandeln, ich bin aber auch ein Typ, der den Mund aufmacht und sich wehrt. Seit vierzehn Jahren bin ich jetzt bei Schlecker, und seit einiger Zeit engagiere ich mich im Betriebsrat, da hatte ich Glück mit meiner Filialleiterin, die mich dabei auch immer unterstützt hat. Weil ich meinen Job ordentlich mache, ich packe mit an und bin beim Arbeiten nicht zimperlich. Aber ich finde, dann muss man auch ordentlich mit uns umgehen.

Als Betriebsrätin bin ich den Schlecker-Oberen natürlich erst recht ein Dorn im Auge. Eine vertrauensvolle Zusammenarbeit ist eigentlich nicht erwünscht. Ich bin mir sicher, dass Bezirksleiter dazu angehalten werden, aufsässige Betriebsräte speziellen Kontrollen zu unterziehen. Es werden Verfallsdatenkontrollen und Vollständigkeitskontrollen gemacht. Gefunden wird immer etwas. Ich bin auch schon mit dem Auto verfolgt worden, und zeitweise stand ständig ein schwarzer Mercedes vor unserer Filiale.

Wenn ein Bezirksleiter oder Verkaufsleiter es schafft, einen Betriebsrat aufzulösen, ist er der Held. Die Bezirksleiter kriegen vor ihrer Einstellung sowieso eine Gehirnwäsche und werden motiviert, die Mitarbeiter unter Druck zu setzen. Die werden richtig auf diesen rigiden Schlecker-Kurs getrimmt, denen wird wahrscheinlich eingetrichtert, dass man Verkäuferinnen immer misstrauen muss. Da fragt man sich schon, was das für Leute sind, die sich so instrumentalisieren lassen.

Der neueste Coup von Schlecker sind ja die XL-Filialen, die angeblich größer, moderner und erfolgreicher sein sollen. Die vielen kleinen Filialen sind denen nicht mehr rentabel genug, die lassen sie jetzt langsam ausbluten. Wir bekommen dann aus dem Schlecker-Lager bestimmte Waren einfach nicht geliefert. Dann gibt es zum Beispiel wochenlang kein Katzenstreu in der Filiale, und da suchen sich die Kunden natürlich irgendwann einen anderen Laden.

Ziel ist, die kleinen Filialen dichtmachen zu können und die Mitarbeiter auf die Schlecker-XL-Filialen zu verteilen.

Vor ein paar Monaten hat Schlecker ja noch versucht, uns neue Verträge mit einer Zeitarbeitsfirma aufzuzwingen. Die war nicht an den Tarifvertrag gebunden, und wir hätten dann nicht mehr zwölf Euro die Stunde, sondern sechs Euro achtundsiebzig Cents verdient. Die totale Lohndrückerei! Die Verkaufsleiter haben richtig Druck gemacht, dass man diese Verträge unterschreibt. Da hieß es dann: Unterschrift oder Kündigung. Und dann diese scheinheiligen Argumente: »Schlecker macht weniger Umsätze. Wollen Sie, dass es Schlecker bald nicht mehr gibt? Wollen Sie, dass Schlecker Insolvenz anmeldet? Arbeiten Sie doch einfach zehn Stunden mehr die Woche, dann haben Sie das gleiche Geld raus wie vorher!« Zum Glück wurden die öffentlichen Proteste so groß, dass Schlecker die Zusammenarbeit mit dieser Zeitarbeitsfirma einstellen musste. Aber denen wird schon noch was Neues einfallen, um uns immer weiter auszupressen.

In jeder Schlecker-Filiale hängt hinten im Aufenthaltsraum ein Bild von Anton Schlecker und seiner Frau. Da gucke ich manchmal drauf und frage mich, was das wohl für ein Mensch ist. Der gehört zu den reichsten Männern Deutschlands, der schwimmt wirklich im Geld. Und er sorgt dafür, dass wir einfachen Mitarbeiterinnen immer mehr um unsere Existenz kämpfen müssen. Was wir später mal an Rente bekommen, das ist doch lächerlich. Angeblich taucht er auch ab und zu in einer seiner Filialen auf, um selbst zu kontrollieren, ob wir auch anständig arbeiten. Hoffentlich schaut er auch mal bei mir vorbei, ich hätte da eine Menge Fragen!

Statistisch gesehen gibt es alle drei Kilometer einen Schlecker-Markt in Deutschland. Europaweit zählt der Konzern rund 14000 Filialen. +++ 5 Milliarden Euro setzt Schlecker mit seinen 50000 Mitarbeitern jedes Jahr um. +++ Schlecker ist bekannt für schlechte Arbeitsbedingungen und Lohndumping. Firmenboss Anton Schlecker ist sogar rechtskräftig wegen Lohndumpings zu einer Gefängnisstrafe auf Bewährung verurteilt worden. +++ Anton Schleckers Vermögen wird auf 2,4 Milliarden Euro geschätzt. Damit steht er auf Platz 156 der weltweiten Milliardärsrangliste des US-Magazins »Forbes«.

»Die Eltern meiner Schüler mag ich in den seltensten Fällen.«

Miriam, 33 Jahre, Grundschullehrerin, über kleine Helden, angehende Analphabeten und wie sie ihre Freunde sprachlos macht.

Während meines Studiums hieß es immer: »Ja, ja, die Grundschulmäuschen. Ein bisschen malen, ein bisschen basteln, ein bisschen eins plus eins, das kann doch jeder.« Und ich glaube, viele Leute sehen das heute noch so: Grundschule, das ist doch einfach, das ist niedere Arbeit. Dabei besteht mein Job zu achtzig Prozent aus Erziehung. Ich bin die meiste Zeit des Tages damit beschäftigt, diese Kinder zu sozialisieren. Wenn ich es schaffe, ein Fünftel meiner Zeit dazu zu nutzen, um Stoff zu vermitteln, dann ist das ein guter Tag.

Ich arbeite an einer Grundschule in einer Stadt in Brandenburg. Unter den Eltern gibt es keine Akademiker, viele sind schon seit Jahren arbeitslos. Wenn Elternabend ist, dann kommen viele Mütter Kaugummi kauend und mit iPod-Stöpseln im Ohr. Die sind selber noch halbe Kinder, Anfang zwanzig, und deren Kinder sind sechs oder sieben.

Ich mag wirklich alle meine Kinder, auch die schwierigen, aber die Eltern meiner Schüler mag ich in den seltensten Fällen. Rauchen Kette, aber schaffen es nicht, einmal im Schuljahr zehn Euro für die Klassenkasse lockerzumachen. Bekommen ihr eigenes Leben nicht auf die Reihe, aber verteilen Ohrfeigen, wenn es bei den Kindern in der Schule nicht so läuft. Parken ihre Sechsjährigen vor der Glotze und wundern sich, dass die sich keine fünf Minuten auf etwas konzentrieren können.

Es gibt natürlich auch Eltern, die sehr nett und bemüht sind, die etwas wollen für ihre Kinder und sich einsetzen. Mit denen kann man sehr gut zusammenarbeiten. Aber andere, da denke ich: So ein tolles Kind hast du gar nicht verdient. Der hat so viel im Kopf, wenn man den einfach in eine andere Familie verpflanzen könnte, dann würden ihm wirklich alle Möglichkeiten offenstehen.

Viele Kinder verstehen überhaupt nicht, dass es sich lohnen könnte, sich anzustrengen. Die kennen das von zu Hause nicht, dass es einen Sinn hat, morgens aufzustehen und etwas zu lernen. Ich bemühe mich, ihnen zu zeigen, dass es sich eben doch lohnt. Dass man mit Geld auch noch etwas anderes machen kann, als Flachbildglotzen zu kaufen. Reisen zum Beispiel, um andere Länder und Kulturen kennenzulernen. Aber es ist mühsam.

Ich arbeite eng mit dem Jugendamt zusammen und mit den Familienhelfern, die einige der Familien betreuen. Es ist sehr entlastend, da noch einen Ansprechpartner zu haben und ein bisschen Verantwortung abzugeben. Ich kann nicht hinter allen her sein, und ich kann nicht alle retten. Zum Glück habe ich einen sehr engagierten Direktor, der klingelt auch mal bei den Familien zu Hause, wenn die Kinder wochenlang unentschuldigt fehlen.

Vor einem Jahr bin ich aus Köln hierhergezogen. In meiner alten Grundschulklasse hatte ich Kinder mit vierzehn verschiedenen Nationalitäten. Das war auch nicht unproblematisch. Aber ich habe trotzdem das Gefühl, die konnten am Ende der zweiten Klasse deutlich mehr als die Kinder hier. Und hier gibt es überhaupt keine Ausländer.

Wir unterrichten hier die erste und zweite Klasse zusammen, und eigentlich sollten die Großen in der Lage sein, den Kleineren auch mal zu helfen. Aber die sind selber noch total überfordert. Eigentlich müssten Zweitklässler alle Buchstaben kennen und zumindest langsam und stockend lesen können. Aber bei einigen Kandidaten bin ich mir sicher: Wenn wird die einfach weiter mit durchschleppen, dann werden das Analphabeten. Die Kinder hier sind ja nicht dümmer als die Kinder in meiner alten Schule. Aber sie haben von Haus aus eben nicht die gleichen Voraussetzungen. Und es macht schon einen Unterschied, ob man vor der Schulzeit schon mal ein Buch in der Hand hatte oder nur die Playstation.

Mein Tag beginnt normalerweise um 7.30 Uhr mit den Förderschülern. Die kommen eine halbe Stunde vor Unterrichtsbeginn, damit ich ihnen ein paar Dinge noch einmal in Ruhe erklären kann. Um zehn vor acht kommen die anderen Kinder, um acht Uhr singen wir ein Begrüßungslied, und dann geht es los.

Den meisten Stress habe ich damit, für Ruhe zu sorgen, während die Kinder ihre Aufgaben machen. Der Lärmpegel ist manchmal enorm hoch, und einige Kinder können sich wirklich keine zwei Minuten auf etwas konzentrieren. Wenn die Kinder zu viel Krach machen, bekommen sie eine Schnatterente in ihr Heft geklebt, natürlich in der Annahme, dass die Eltern das sehen und darauf irgendwie reagieren. Tun sie aber nicht, und auch die Kinder empfinden das nicht als schlimm. Wer mehrere Enten in seinem Heft hat, muss zum Rektor, aber das lässt die Kinder auch weitgehend kalt.

Einige Kinder kennen überhaupt keine Regeln und Strukturen, die sind völlig haltlos und machen es für alle anderen unnötig schwer. Ich denke, alles in allem habe ich sie gut im Griff, aber es kostet unheimlich viel Kraft, immer und immer wieder die simpelsten Regeln des menschlichen Miteinanders in Erinnerung zu rufen. Aber so langsam gewöhnen sie sich an mich und lernen, dass bei mir ein Nein auch Nein bedeutet.

Manchmal überraschen mich die Kinder auch, das sind eigentlich die schönsten Momente. Da weiß ich, warum ich den Job mache. Neulich haben wir zum Beispiel die Bäume durchgenommen. Und das fand ich toll, die Schüler wussten eine ganze Menge, obwohl das ja echte Stadtkinder sind. Sie konnten Buchen und Eichen benennen und waren richtig bei der Sache. Und wenn sie am Computer arbeiten dürfen, dann sind selbst die schwierigen Kinder sehr konzentriert und lösen sogar freiwillig Matheaufgaben.

Es gibt so Tage, da gelingt es, eine schöne, harmonische Atmosphäre herzustellen. Wenn die Kinder etwas machen, was ihnen Spaß macht, basteln zum Beispiel, etwas selber herstellen mit Schere und Kleber. Dazu läuft ruhige Musik, alle sind ganz entspannt und arbeiten vor sich hin. Da sitze ich vorne am Pult und liebe meinen Job. Wenn die Kinder richtig glühen, weil sie etwas Tolles gebastelt haben. Oder weil etwas plötzlich klappt, was ihnen vorher einfach nicht gelingen wollte. Wenn auf einmal der Knoten platzt und ein Kind kann lesen und platzt dann fast vor Stolz – das rührt mich immer sehr.

Schön ist auch immer unser gemeinsames Frühstück nach der ersten Unterrichtsphase. In der Regel haben auch alle Kinder etwas zu essen dabei – ob das dann immer so gesund ist, ist eine andere Frage. Da wird viel Cola getrunken, viele haben Erdnussflips und Schokoriegel in der Brotdose. Aber die Kinder wissen schon selber ganz gut, was es bedeutet, gesund zu essen. Wenn sie mal ein richtiges Pausenbrot dabeihaben, vielleicht sogar ein Stück Obst, dann zeigen sie mir das ganz stolz.

Fachlich könnte ich an den Kleinen manchmal wirklich verzweifeln, dafür sind sie aber wiederum sehr gut in Sport. Die Schule hat einen Sportschwerpunkt, die Kinder haben drei Stunden Sport und zwei Stunden Schwimmen in der Woche. Beim Sportunterricht habe ich alle Erstklässler der Schule zusammen, das heißt: Ich bin mit fünfzig Sechsjährigen in einer Turnhalle. Und es ist kaum zu glauben: Da sind sie sehr diszipliniert. Sitzen still und hören zu. Es ist mir fast schon ein bisschen unheimlich, weil es so was von Drill hat. Die Kinder sitzen zuerst aufgereiht auf dem Boden und laufen dann eine Reihe nach der anderen auf Kommando im Kreis. Ich denke immer: Die sollten in dem Alter doch hauptsächlich spielen oder ein paar Geräte ausprobieren. Aber beim Sport wird sehr auf Leistung geachtet, das ist nun einmal das Profil der Schule.

Die Erstklässler machen zum Beispiel auch Hochsprung, obwohl das eigentlich noch viel zu früh ist. Immer, wenn Hochsprung auf dem Plan steht, haben auffallend viele ihren Turnbeutel vergessen und können angeblich nicht mitmachen. Und wenn man dann etwas nachbohrt, kommt raus: Die Kinder haben Angst vor der Latte. Das ist einfach noch zu früh, die da ranzuführen. Aber da muss ich mich fügen. Und gerade als Wessi habe ich gelernt, mit Veränderungsvorschlägen vorsichtig zu sein, damit mache ich mich hier nicht besonders beliebt.

Natürlich gibt es auch Tage, da denke ich ernsthaft über Kündigung nach. Wenn ich mal zwei Minuten aus dem Raum gehe, und plötzlich wird mit Stühlen geschmissen. Die Kinder prügeln sich, und hinterher wollen die Eltern die zerrissenen Jacken von mir ersetzt haben. Oder sie werfen sich auf den Boden, treten um sich und sind überhaupt nicht zu bändigen. Gelegentlich sind die Kinder auch einfach unverschämt zu mir. Natürlich sollte ich das nicht persönlich nehmen, aber an manchen Tagen gelingt es mir schlechter als an anderen.

Manchmal sind es auch ganz kleine Sachen, die mich einfach traurig machen. Dass viele Kinder nie gelernt haben, dass es gut ist, etwas zu teilen. Man würde denken, das sei selbstverständlich, dass man seinem Nachbarn mal den Bleistift leiht oder einen Radiergummi. Aber das kennen die überhaupt nicht, die empfinden auch keinen großen Klassenzusammenhalt. Jeder guckt auf sich und sieht zu, dass er nicht benachteiligt wird. Dass ihm ja niemand etwas wegnimmt. So als würde den Kindern eine Art Urvertrauen fehlen.

Es fehlt natürlich noch an ganz anderen Sachen, und die haben nichts mit den Kindern zu tun. Es fehlt an Geld, und es fehlt an Personal. Wir haben in der Klasse Drachen gebastelt und an die Wände gehängt, deren Schwänze flattern im Luftzug, der durch die undichten Fenster dringt. Manchmal fällt die Heizung aus, dann heißt es: Bitte Handschuhe mitbringen.

In meiner Klasse sitzen fünfundzwanzig Erst- und Zweitklässler, von denen rund ein Drittel eigentlich besondere Förderung bräuchte, aber dafür fehlt einfach das Personal. Ich habe ein Mädchen, die bemüht sich wirklich sehr, aber die ist einfach überfordert. Ich lege drei Stifte auf ihren Tisch und frage sie: »Wie viele Stifte siehst du?« Und sie antwortet: »Vier.« Ich sage: »Zähl sie mir vor!« Und sie zählt: »Eins, zwei, drei, vier.« Die Mutter fällt als Unterstützung total aus, die kommt nicht mal, wenn wir einen Gesprächstermin ausgemacht haben. Das Mädchen hat nie Erfolgserlebnisse und wird immer unmotivierter und verschlossener. Für solche Kinder müssten mehr Sonderpädagogen an der Schule sein, damit die speziell betreut und gefördert werden können. Das bringt doch nichts, die auf Teufel komm raus mitzuschleppen, ohne was zu tun.

Ich muss immer an meine ganzen Kollegen aus der Studentenzeit denken, die ein freiwilliges soziales Jahr in Ecuador oder irgendwo in Afrika gemacht haben, weil sie benachteiligten Kindern helfen wollten. Jetzt denke ich: Die bräuchten wir dringend hier bei uns in Deutschland, man muss gar nicht unbedingt in die Dritte Welt.

Es wäre auch nicht schlecht, ein paar mehr Männer im Kollegium zu haben. Aber: Für Männer ist der Job einfach nicht attraktiv genug. Er hat wenig Prestige, und man kann auch nicht groß aufsteigen. Ist sicher kein Zufall, dass die wenigen Männer an der Grundschule meistens schnell zu Grundschuldirektoren werden. Das ist eine Position, die ein bisschen was hermacht, und man kümmert sich hauptsächlich um administrativen Kram. Dabei wären ein paar männliche Rollenvorbilder in der täglichen pädagogischen Arbeit wirklich wichtig, gerade für die Jungs.

Die Kinder sind sehr anhänglich und liebesbedürftig. Sie wollen für alles Bestätigung und brauchen viel Lob, im Grunde suchen ja auch die, die ständig stören, hauptsächlich meine Aufmerksamkeit. Alle Kinder haben bei mir die gleichen Chancen. Aber ich bin nicht frei davon, manche einfach mehr zu mögen als andere. Das ist wie mit Erwachsenen auch, mit manchen kommt man einfach besser klar. Es gibt Kinder, an die denke ich oft in den Ferien und frage mich, wie es ihnen wohl geht. Andere vergesse ich sehr schnell wieder.

Es gibt in meiner Klasse einen Jungen, der geht mir einfach wahnsinnig auf den Geist. Der petzt und ist hinterfotzig und braucht ständig eine Extrawurst. Die Eltern haben ein ganz anderes Bild von ihrem Kind und glauben, er sei der reinste Sonnenschein. Aber mir fällt es zunehmend schwer, ihn zu mögen. Und dann gibt es ein paar sehr verschlossene Mädchen, die man immer wieder ganz vorsichtig fragen muss, ob alles in Ordnung ist, ob sie Kummer haben. Die öffnen sich überhaupt nicht.

In der Regel hilft es dann, ihnen einen Dienst zu geben. Tafeldienst zum Beispiel. So etwas machen alle total gerne, für etwas Verantwortung übernehmen. Damit signalisiere ich ja auch: Hey, ich traue dir etwas zu. Und wenn man die Kinder manchmal nach dem Unterricht noch etwas länger dabehält und sich etwas persönlicher mit ihnen unterhält, dann fassen sie auch irgendwann Vertrauen.

Erzählen die Kinder von zu Hause, dann versteht man vieles. Ein Junge zum Beispiel war wochenlang total unkonzentriert und merkwürdig. Und dann hat er erzählt, dass seine Mutter ein neues Baby bekommen hat. Sie teilen sich alle ein Zimmer, das Baby schreit die ganze Nacht, und er kann nicht schlafen. Jetzt soll er erst mal zu seinem Vater ziehen, zu dem er aber vorher fast keinen Kontakt hatte. Und wenn das Baby dann etwas größer ist, dann soll er wieder zurück zur Mutter.

Das ist schon traurig, wie viel diese Kinder auf ihren

Schultern tragen. Die bekommen Sachen mit, für die sie emotional noch gar nicht gewappnet sind. Diese ständig zerbrechenden neuen Beziehungen, dass alle Geschwister einen unterschiedlichen Vater haben, Geldsorgen, Sorgerechtsstreitigkeiten. Die Eltern reden vor den Kindern schlecht übereinander: »Dein Vater, das Arschloch, der kriegt doch nie was auf die Reihe!«, solche Sachen. Kinder wollen, dass es ihren Eltern gut geht. Es ist ganz schwer für sie, wenn sie das Gefühl haben, sie müssen auf ihre Mütter aufpassen. Oder sich um deren Sorgen kümmern.

Umgekehrt würde ich mir wünschen, dass sich manche Eltern dafür ein bisschen mehr für die Welt ihrer Kinder interessieren. Ein richtiger Kulturschock war die letzte Einschulungsfeier. Das ist natürlich für alle ein großer Tag. Die Eltern hatten sich total aufgebrezelt, und die Kinder sahen aus wie aufgezäumte Zirkuspferdchen: Die Mädchen in Faschingsprinzessinnenkostümen, die Jungs in Kinderanzügen mit Krawatte. Und nach der Begrüßung in der Aula hätten die Eltern die Möglichkeit gehabt, mit in die Klassenzimmer zu kommen. Sich das mal anzuschauen, wie so eine Unterrichtsstunde abläuft. Es wäre auch eine Gelegenheit gewesen, mich kennenzulernen oder noch ein Foto zu schießen. Wollte aber keiner. Alle waren nur darauf bedacht, dass alles schnell vorbei ist, man hatte ja in der Kneipe einen Tisch bestellt. Ich hatte das Gefühl: Hier geht es überhaupt nicht um die Kinder und das, was in den nächsten Jahren ihren Alltag ausmacht. Es ging nur um das Event, bei dem die Eltern mal ihre schönsten Klamotten ausführen wollten.

In der Regel komme ich am späten Nachmittag nach Hause und bin ziemlich erledigt. Dann lache ich über Freunde, die mich anrufen und fragen: »Hey, hast du meine E-Mail heute Morgen nicht gelesen?« Wann hätte ich das denn machen sollen? Es gibt für uns Lehrer keine Computer an der Schule. Die denken, ich hab da ja nicht groß was zu tun, ich bastele und singe da ein bisschen und check dann mal eben so nebenbei meine Mails.

Ab und zu nehme ich mal Freunde mit in die Schule, einfach nur, damit die das mal mit eigenen Augen sehen. Die sind total sprachlos, wenn sie mitbekommen, wie mein Tag so abläuft. Mit wie viel Lärm und Chaos ich konfrontiert bin. Aber auch, wie toll die Kinder sein können, denen sie so auf den ersten Blick vielleicht nichts zugetraut hätten.

Dreieinhalbmal so viele arme wie nichtarme Kinder wiederholen einer Studie zufolge bereits in der Grundschule eine Klasse. +++ Von 100 Kindern, die schon in ihrer Kindergartenzeit als arm gelten, bekommen nach der Grundschule nur vier Schüler die Empfehlung für den Wechsel auf das Gymnasium – bei nichtarmen Kindern sind es dagegen 30. +++ In kaum einem anderen Land ist der Leistungsunterschied zwischen Schülern mit und ohne Migrationshintergrund so stark ausgeprägt wie in Deutschland. Schüler mit Migrationshintergrund hinken denen mit in Deutschland geborenen Eltern um bis zu eineinhalb Lern-

jahre hinterher. +++ *Fast jedes zweite Kind in Deutschland kann am Ende seiner Grundschulzeit nicht sicher schwimmen.* +++ *Deutsche Lehrer sind im Durchschnitt deutlich älter als ihre Kollegen im Ausland. Mehr als die Hälfte der Pädagogen in den Grundschulen sind über 50 Jahre alt.*

»Es ist fast wie eine platonische Ehe.«

Susanne, 44 Jahre, Sekretärin, kauft Opernkarten,
regelt Privatfinanzen und sagt als Einzige ihrem Chef
auch mal die Meinung.

Auf meinem Grabstein könnten einmal folgende Sätze stehen: »Rufen Sie da doch mal an!«, »Wir müssten dringend mal ...«, oder: »Wieso funktioniert dieses Ding schon wieder nicht?« Drei Sätze, mit denen mich mein Chef regelmäßig in den Wahnsinn treibt. Ich glaube, wer Chefsekretärin sein will, der muss ein bisschen was aushalten können. Als Mimose hat man keine Chance. Man muss sattelfest sein, man muss den Überblick behalten, und man muss die Fähigkeit besitzen, im richtigen Moment die Ohren auf Durchzug zu stellen.

Nur dass man mich nicht missversteht: Ich mag meinen Chef! Sonst hätte ich es auch nicht achtzehn Jahre in seinem Vorzimmer ausgehalten. Es ist fast wie eine platonische Ehe: Man verbringt viel Zeit miteinander und lernt sich sehr gut kennen. Ich kenne seine Macken, und ich kann damit umgehen. Er weiß, wo meine Grenzen sind, und lässt sich auch von mir in die Schranken weisen. So kommen wir gut miteinander aus.

Ich arbeite in einer großen Kölner Anwaltskanzlei. Es gibt bei uns mehrere Anwälte, aber mein Chef ist der Namensgeber, der größte Fisch im Teich. Er ist fünfundsechzig Jahre alt, aber ich glaube nicht, dass er demnächst aufhört zu arbeiten. Der ist mit seiner Arbeit verheiratet, er hat keine Familie, dagegen aber viele Freunde, und engagiert sich sehr in seinem Tennisclub. Und als Chef ist er natürlich »Alte Schule«. Er kommt grundsätzlich immer im Anzug, und natürlich siezen wir uns. Das ist auch ganz gut, das bewahrt eine gesunde Distanz.

Ich weiß noch genau, wie ich an meinem ersten Tag durch die Kanzlei geführt wurde, und eine Mitarbeiterin zischte mir zu: »Herzliches Beileid!« Offensichtlich hatte es vor meiner Zeit einen regen Verschleiß an Sekretärinnen in seinem Vorzimmer gegeben. Es gab eine, die war so unsicher, die war schon am Zittern, bevor sie zu ihm ins Büro musste. Eine andere hatte vielleicht eine Spur zu viel Selbstvertrauen, das gefiel ihm dann auch nicht. Bei uns passt es offensichtlich wie Topf und Deckel, und ich bin auch keine, die schnell das Handtuch wirft.

Ich muss schon zugeben, dass der Mann nicht einfach ist. Zum Beispiel ist er fürchterlich genau, besonders wenn es um Rechtschreibung geht. Er sieht jeden kleinen Fehler sofort. Und er hasst es, wenn Dinge nicht genauso gemacht werden, wie er sich das vorstellt. Auch wenn ich zu ihm sage »Das geht so nicht. Es *geht* einfach nicht!« Dann sagt er nur: »Doch, das muss irgendwie gehen.« Er hat einen richtigen Dickkopf, er ist nun mal der Chef und will das jetzt so haben.

Manchmal bleibt mir gar nichts anderes übrig, als ihn hinter seinem Rücken ein bisschen auszutricksen, bei Schriftsätzen zum Beispiel. Auch da hat er eine ganz bestimmte Vorstellung: Blocksatz, ein ganz bestimmter Zeilenabstand und eine ganz spezielle Schrift. Und alles soll immer unbedingt auf eine Seite passen. Er schafft es aber immer, so viel zu diktieren, dass »Mit freundlichen Grüßen« auf Seite zwei steht. Ein Phänomen! Also trickse ich ein bisschen mit den Schriftgrößen oder schiebe alles ein bisschen enger zusammen – wenn er das wüsste, wäre der Teufel los! Aber so technische Feinheiten bekommt er gar nicht mit.

Überhaupt: Technik! Ich bin mir sicher, dass er auch zu Hause einen Handwerker anruft, wenn ein Nagel in die Wand geschlagen werden muss. Er schafft es gerade noch, selber seine E-Mails zu lesen oder auszudrucken. Aber sobald da ein Anhang mit dabei ist, ist alles vorbei. Dann ruft er nach mir. Und je nachdem, wie hoch die Arbeitsbelastung ist, denke ich mir: Ja, Himmelherrgott noch mal, kann der das nicht selber machen? Das ist doch nicht so schwer! Wie oft ich aus seinem Zimmer den Satz: »Wieso druckt der das denn jetzt nicht?« höre. Dann flitze ich rüber, und es ist natürlich einfach nur das falsche Papierformat eingestellt – wie jedes Mal. Aber ich denke, da ändert er sich nicht mehr. Und ich nehme es mit Humor, so gut es geht.

Es gibt nur eine technische Neuerung, die er beherrscht und die *ich* verfluche: Das iPhone. Seit er dieses Ding hat, kommt er überall an seine Mails. Dann ruft er mich von unterwegs aus an, und ich soll sofort irgendetwas erledigen. Früher hat er die Mails erst im Büro gelesen, und dann war ja immer noch Zeit genug, darauf zu reagieren. Ich habe ihm schon gesagt: »Hören Sie auf, mich fernmündlich zu beschäftigen! Nur weil Sie nicht im Haus sind, heißt das nämlich nicht, dass ich nichts zu tun habe!«

Was ich eigentlich ganz lustig finde, ist, dass er richtig eifersüchtig wird, wenn ich mal etwas für einen anderen Anwalt in der Kanzlei erledige. Oder mich um den ganzen anderen Bürokram kümmere, das, was man heutzutage »Backoffice« nennt – also Wasser bestellen, Toner nachfüllen, all diese Dinge. Das sieht er nicht gern, er will, dass ich immer und zu jeder Zeit nur für ihn da bin. Auch weil er weiß, dass er ohne mich verloren ist – und das ist ja auch eine Art Anerkennung für mich. Ich bin nie krank, aber letztes Jahr war ich vier Wochen krankgeschrieben. Als ich wiederkam, hat er gestrahlt über beide Backen und war auch ganz vorsichtig mit mir, damit ich nur ja nicht wieder ausfalle.

Wenn man so lange zusammenarbeitet, versteht man sich auch ohne Worte. Ich höre schon an der Art und Weise, wie er stöhnt, welche technische Hilfestellung gerade nötig ist – ob der Drucker Papierstau hat oder irgendetwas mit seinem Handy nicht klappt. Wenn ich seine Diktate abschreibe, dann sind meine Finger schneller als das, was ich im Ohr habe, weil ich schon weiß, wie er die Sätze beendet. Ich finde innerhalb von einer Minute uralte Unterlagen, die außer mir kein Mensch mehr aufgehoben hätte, weil ich schon weiß, dass er eines Tages auf die Idee kommt, die jetzt ganz dringend zu brauchen. Ich kenne seinen Schreibtisch besser als er selbst, weil ich den jeden Tag dreimal umgraben muss, auf der Suche nach irgendwelchen losen Zetteln, auf denen er etwas furchtbar Wichtiges notiert hat. Und ich sehe morgens, wenn er zur Tür reinkommt, auf den ersten Blick, wie der Tag werden wird. Schlimm ist, wenn er eine Stirnfalte kriegt – uh, dann ist Gewitter im Anzug.

Es gibt so Tage, da muss ich ihm gekonnt aus dem Weg gehen. Wo ich mir denke: Heute nicht mit mir! Und ich schaffe es immer genau dann in sein Zimmer zu gehen, wenn er nicht drin ist. Weil ich genau weiß, dass ich nur für irgendetwas angeranzt werde, wofür ich gar nichts kann.

Er hat auch einen Spitznamen für mich. Wenn alles gut läuft und er gut drauf ist, nennt er mich »Stucki«. Wenn er aber in diesem ganz bestimmten Ton »Frau Stuckmann, kommen Sie mal bitte!« sagt, dann weiß ich, es ist Ärger im Verzug. Er lässt natürlich auch viel an mir aus. Es gab ein Jahr, in dem er sich wahnsinnig über eine andere Mitarbeiterin geärgert hat und das immer an mir ausgelassen hat. Ständig war irgendetwas nicht recht oder nicht schnell genug, er hat bei jeder Kleinigkeit gemotzt. Und in dieser Zeit hat er mich nicht ein einziges Mal »Stucki« genannt. Bis ich ihm in einem Mitarbeitergespräch ganz deutlich gesagt habe: »Ich bin nicht Ihr Fußabtreter! Ich kann auch woanders arbeiten.« Das hat er sich sehr zu Herzen genommen.

Man muss ein bisschen aufpassen, rechtzeitig Grenzen zu ziehen. Mein Chef hat zum Beispiel mal gesagt, ich gehöre hier ja schon zum Inventar. Und ich weiß nicht, ob ich das gut finden soll. Eine Kollegin hat gerade diese Erfahrung gemacht. Deren Chef wollte sich mit einer neuen Firma selbstständig machen und ist ganz selbstverständlich davon ausgegangen, dass sie mitgeht: für weniger Geld bei deutlich mehr Arbeit! Sie war fünfundzwanzig Jahre lang seine Sekretärin, und ich glaube, der kam gar nicht auf die Idee, dass es in ihrem Leben noch etwas anderes geben könnte, als für ihn zu arbeiten. Der ist aus allen Wolken gefallen, als sie ihm eröffnet hat: »Ich gehe nicht mit.« Das war für den wie Verrat.

Natürlich habe ich in meiner Position eine gewisse Macht. Ich bin die Herrin über seinen Terminkalender, teilweise sortiere ich auch vor, welche Mandate er übernimmt. Wenn jemand anruft, und ich weiß schon ganz genau, dass er auf diesen Fall keine Lust haben wird, dann leite ich das an einen anderen Anwalt in der Kanzlei weiter. Aber manchmal packe ich ihm auch mal so einen kleinen Popel-Fall dazwischen, weil ich denke: Das tut dem auch mal ganz gut. Mal für zwanzig Euro ein Beratungsgespräch mit einem Sozialhilfeempfänger führen. Damit er nicht so abhebt und den Blick für das normale Leben nicht verliert. Da erziehe ich ihn mir auch ein bisschen, ich finde, er braucht das.

Manchmal bin ich schon baff, wie ein Mann beruflich so erfolgreich sein kann und gleichzeitig mit ganz banalen Alltagsdingen völlig überfordert ist. Neulich stand er vor mir und sagte: »Meine Waschmaschine ist kaputt!« – »Ja, schön«, habe ich gesagt. Und ihm geraten, zusammen mit seiner Haushälterin eine neue kaufen zu gehen, die weiß wenigstens, was bei einer Waschmaschine wichtig ist.

Ich erledige auch all seine persönliche Korrespondenz und seine Bankgeschäfte, ich installiere bei jedem neuen Handy seinen Lieblingsklingelton und bespreche seine Mailbox. Er hat mir auch schon mal einen kaputten Rasierer in die Hand gedrückt, und ich sollte dafür sorgen, dass das Ding repariert wird. Ich buche seine Arzttermine, Opernkarten oder einen Tisch, wenn er sich mit seinen Skatbrüdern trifft.

Viele seiner Freunde kennen mich und rufen direkt bei mir an, wenn ich dafür sorgen soll, dass er an irgendetwas denkt oder rechtzeitig irgendwo ist. Ich muss darauf achten, dass er einigermaßen pünktlich bei seinen Terminen auftaucht, er geht nämlich gerne knapp los. Da renne ich durchs ganze Haus auf der Suche nach ihm, hole ihn aus irgendwelchen Gesprächen mit Kollegen und sage: »So, los jetzt!« Ich stelle ihm seine Aktentasche schon an die Tür und halte ihm den Mantel hin, damit er unten direkt ins Taxi fallen kann. Einer seiner Freunde hat mich mal gefragt, ob ich eigentlich auch seinen Koffer packe, wenn er verreist. So weit kommt's noch, habe ich gesagt.

Was mich am meisten nervt: Alles muss immer sofort passieren. Ich meine, die Post wird um 17 Uhr abgeholt, da ist es doch egal, ob ich den Brief nun um zwölf oder um drei tippe. Oder mein Lieblingssatz: »Rufen Sie da doch mal an!« Das heißt, ich soll bei irgendeinem Amt anrufen und fragen, was mit irgendwelchen Anträgen ist. Die kommen auch nicht schneller zurück, wenn ich da ständig anrufe und die Leute von der Arbeit abhalte.

Ein bisschen nehme ich ihn auch auf die Schippe damit, ich kann einfach nicht ständig alles fallen und liegen lassen, nur weil ihm plötzlich was ganz Eiliges einfällt. Dann habe ich lauter angefangene Sachen und werde nie fertig. Am besten kann ich eigentlich arbeiten, wenn er gar nicht da ist.

Es gibt schon so Tage, wo ich denke: Ne, macht euren Quatsch hier doch allein, ich geh! Aber in der Regel arbeite ich gern. Und einen Chef ohne Macken gibt es nicht. Was ich ihm hoch anrechne, ist, dass er immer Verständnis hat, wenn ich mal früher gehen muss, weil einer meiner Söhne zu Besuch kommt. Er fragt immer viel nach ihnen und nimmt Anteil daran, was sie so machen. Und wenn ich oder jemand aus meiner Familie mal ein juristisches Problem hat, erledigt er das kostenlos.

Ich weiß, dass keiner im Büro ihm so offen die Meinung sagt wie ich – und ich glaube, dass er das auch an mir schätzt. Ich überhöre eine ganze Menge und schlucke viel, aber wenn es reicht, dann sage ich es auch. Und oft genug bin ich es, die ihm die Arbeit vorgibt, und nicht umgekehrt. Dann sage ich ihm: »So, jetzt machen Sie erst mal das und dann das und erst am Schluss das, sonst kommen wir hier nie weiter.« Und das macht er dann auch, weil es einfach besser flutscht, wenn ich ihm seinen Tag ein bisschen strukturiere. Ich bin auch häufig eine Vermittlerin zwischen ihm und den anderen Mitarbeitern, weil ich einfach weiß, wie er tickt. Die sitzen dann bei mir und fragen: »Wie meint er das?«, »Was will er von mir?« Und ich übersetze dann.

Mein Chef hat mich mal gefragt, ob ich nicht noch mal studieren will. Ich bin ja eigentlich selber halbe Anwältin, so lange, wie ich hier arbeite. Aber ich bin ganz zufrieden. Ich trage viel Verantwortung, aber ich bin froh, dass ich nicht bis 22 Uhr im Büro sitzen muss, sondern noch ein Privatleben habe. Da erzähle ich auch nicht viel. Ich baue zum Beispiel schon seit Jahren einen alten Bauernhof aus, wovon mein Chef nichts weiß. Weil es mich viel Zeit und Nerven kostet, und wenn dann auf der Arbeit was schiefgeht, würde er wahrscheinlich denken, ich sei abgelenkt wegen der Baustelle.

Natürlich habe ich viel Einblick in sein Privatleben. Ich kenne seine Finanzen, ich kenne seine Freunde, ich kenne jeden seiner Anzüge und all seine Marotten. Aber ob ich ihn wirklich als Mensch kenne, weiß ich nicht. Ich erschrecke immer, wenn ich ihn mal in Feizeitkleidung sehe, bei Betriebsauflügen zum Beispiel. Da ist er mir plötzlich ganz fremd. Einmal bin ich heimlich an seinem Haus vorbeigefahren, weil ich mal wissen wollte, wie er wohnt. Hat mir nicht gefallen, das war fast ein bisschen enttäuschend. Und da dachte ich: Ist vielleicht für unser Verhältnis ganz gut, wenn ich nicht alles über ihn weiß.

In dieser Berufssparte sind zu 95% Frauen vertreten. +++ *Der durchschnittliche Stundenlohn: 12,64 Euro brutto. Die Gehälter von Sekretärinnen sind seit 2006 um bis zu 700 Euro gestiegen. Dafür mussten die Bürokräfte aber auch viele Überstunden in Kauf nehmen und teilweise mehr als 50 Wochenstunden arbeiten.* +++ *In der SPD-Bundestagsfraktion wurden dem »Spiegel« zufolge jahrelang Zeitarbeitskräfte zu Niedriglöhnen beschäftigt, teilweise für 6,70 Euro pro Stunde. Der vergleichbare Zeitarbeitstarif des Deutschen Gewerkschaftsbundes liegt bei 7,03 Euro.* +++ *Der amtierende deutsche Stenografiemeister ist übrigens ein Mann.*

»Man entwickelt einen gewissen Galgenhumor.«

Andrea, 46 Jahre, Sozialarbeiterin, hilft Frauen
in Gewaltbeziehungen und hört dabei oft den Satz:
»Eigentlich ist er ein ganz Lieber!«

Eine Gewaltbeziehung dauert im Durchschnitt sieben Jahre. Sieben Jahre, bis eine Frau, die von ihrem Mann verprügelt wird, sagt: »Jetzt ist Schluss! Das lasse ich mir keinen Tag länger gefallen, ich gehe!« Viele können das kaum glauben. Sie sagen: »So etwas könnte mir nicht passieren. Wenn mein Mann mich schlagen würde, würde ich noch am selben Tag die Koffer packen!« Aber so einfach ist es nicht. Kaum eine Frau trennt sich sofort nach so einer Erfahrung. Und: Jeder kann Opfer von häuslicher Gewalt werden, das ist keine Frage des sozialen Milieus.

Ich arbeite für einen Verein, der ein Frauen- und Kinderschutzhaus betreibt und Opfer von häuslicher Gewalt berät. Mein Arbeitstag beginnt morgens um acht Uhr mit einem Blick auf unser Fax: Die Polizei benachrichtigt uns, wenn es in der Umgebung Fälle von häuslicher Gewalt gegeben hat. Wenn die Opfer – in der Regel Frauen – damit einverstanden waren, dass wir uns mit ihnen in Verbindung setzen, rufe ich dort an und fahre für ein Beratungsgespräch vorbei oder treffe mich mit der betroffenen Frau in einem nahe gelegenen Café.

Diese Kooperation mit der Polizei ist ein großer Fortschritt, weil wir so auf die Opfer zugehen können und nicht darauf warten müssen, dass sie den Weg zu uns finden. Die Hemmschwelle, sich Hilfe zu suchen, ist für viele sehr groß. Weil gerade auf dem Land eine große soziale Kontrolle herrscht, da ist es schlimm genug, wenn die Nachbarn mitbekommen haben, dass die Polizei kommen musste.

Viele Frauen schämen sich, Hilfe zu benötigen, oder glauben, wenn sie in ein Frauenhaus gehen, dann dürfen sie nie wieder einen Mann angucken. Und die Zeit spielt eine wichtige Rolle. Zwei Wochen nachdem man verprügelt wurde, relativiert sich vieles, die Motivation, etwas zu unternehmen, sinkt. Viele Frauen denken: Ich muss mich ändern, ich muss mir einfach noch mehr Mühe geben, dann werde ich auch nicht mehr geschlagen. Deshalb ist es so wichtig, möglichst schnell da zu sein und den Frauen aufzuzeigen, welche Möglichkeiten sie haben.

Wenn ich dann vor Ort bin und mit den Frauen sprechen kann, stehen viele noch ziemlich unter Schock. Oft ist der Täter aus der Wohnung gewiesen worden, das kann die Polizei für maximal sieben Tage verfügen. Und diese Zeit hat die Frau, um sich zu überlegen: Was mache ich jetzt? Viele hatten noch nie mit einem Anwalt zu tun oder einem Gericht. Wir begleiten Frauen auch zum Arzt oder zur Gerichtsmedizin, wenn sie das wollen. Und im ersten Gespräch kommen ganz existenzielle Fragen hoch: »Wenn ich mich trenne, was ist mit den Kindern? Wovon soll ich leben? Woher bekomme ich Geld? Wo soll ich wohnen?«

Die allermeisten wollen sich erst mal gar nicht trennen. Sie wollen, dass die Gewalt aufhört und dass sie keine Angst mehr haben müssen. Was ich oft höre, ist: »Eigentlich ist er ein ganz Lieber, und ich liebe ihn, aber er trinkt halt manchmal zu viel, und dann passiert so was.« Oft sind die Männer ja nach so einem Gewaltausbruch sehr liebevoll. Beteuern, wie leid es ihnen tut und dass sie ohne die Frau nicht leben können. Da schmilzt natürlich das Herz, gerade bei Frauen, die das schon lange nicht mehr aus dem Munde ihres Partners gehört haben.

Ich kann das gut verstehen, niemand ist nur schlecht, und in jeder Beziehung gab es auch mal gute Zeiten. Oft ist es ja schon ein Fortschritt, wenn wir die Frauen wenigstens dazu bringen, von ihren Männern echte Schritte zu verlangen. Zu sagen: »Gut, ich bleibe. Aber nur unter der Voraussetzung, dass du dich auch beraten lässt und etwas gegen die Trinkerei unternimmst. Dass wir eine Paarberatung machen.«

Auch wenn es mir manchmal schwerfällt: Ich muss akzeptieren, dass es einfach Frauen gibt, die sich für eine Gewaltbeziehung entscheiden. Die es nicht schaffen, sich daraus zu lösen. Ich kann nur immer wieder beraten, aber ich darf keinen Druck ausüben. Weil es wichtig ist, dass die Frauen den Kontakt zu mir nicht abbrechen und im

Zweifel wieder anrufen, wenn etwas passiert. Bei denen sitze ich wieder und wieder auf dem Sofa, und jedes Mal ist die Situation schlimmer eskaliert. Und trotzdem gibt es tausend Gründe zu bleiben: Es gab eben auch mal gute Zeiten, da ist das gemeinsame Haus, die Kredite, die Kinder, vielleicht Eltern, die gemeinsam betreut werden.

Ich kann nur versuchen zu erklären, dass sich die Situation von allein nicht ändern wird. Manchmal muss ich denen auch knallhart die Wahrheit vor Augen führen, weil diese Frauen dazu neigen, zu bagatellisieren. Es gibt das »Rad der Gewalt« – die Ausbrüche werden heftiger, die Abstände immer kürzer, die Entschuldigungen werden immer häufiger. Ich sage: »Erst hat er Sie nur geschubst, beim letzten Mal hatten Sie schon Hämatome, und dieses Mal musste der Krankenwagen kommen! Was passiert als Nächstes?«

Etwas anderes ist es, wenn Kinder im Spiel sind. Da gibt es natürlich Sachen, die dem Jugendamt gemeldet werden müssen. Und die üben dann entsprechend Druck aus: Entweder, hier passiert jetzt etwas, oder wir nehmen die Kinder aus der Familie. Das ist für manche Frauen dann doch eine Motivation, sich zu trennen. Aber auch, wenn die Kinder nicht selbst Gewaltopfer werden, ist es für die Kinder furchtbar. Die Frauen wollen das oft nicht wahrhaben. Sie sagen: »Die schlafen ja, die bekommen das gar nicht mit, wenn er mich schlägt.« Das ist natürlich eine Illusion, Kinder haben sehr feine Antennen. Und manche müssen dann mit diesem Geheimnis leben, da heißt es dann: »Erzähl bloß nichts in der Schule!« Das muss man den Frauen ganz klar sagen, was das mit den Kindern macht und wie sehr sie unter dieser Situation leiden, auch wenn der Vater mit den Kindern eigentlich sehr liebevoll umgeht.

Im Schnitt habe ich pro Woche drei dieser Hausbesuche. Den Rest der Zeit bin ich meistens im Frauenschutzhaus. Wir haben sieben Zimmer und zwölf Betten, viele Frauen bringen ja auch Kinder mit. In der Regel bleiben die Frauen etwa ein Vierteljahr dort, manche länger, manche kürzer. Je nachdem, wie lange sie brauchen, um ihr Leben zu sortieren.

Etwa dreißig Prozent gehen auch wieder zurück nach Hause, zurück in die Beziehung. Das ist manchmal traurig. Zu sehen, was viele Frauen sich erneut antun und als normal empfinden. Es ist schwer nachzuvollziehen und auch enttäuschend, aber ich sage mir immer: Die gehen hier auch nicht raus, wie sie reingekommen sind. Die haben etwas mitgenommen aus dieser Zeit. Und sei es das Wissen, dass sie hier jederzeit wieder Schutz finden können.

Das Frauenhaus ist ein Schutzraum, und der hat natürlich bestimmte Regeln: kein Männerbesuch, keine Herausgabe der Adresse, keine Drogen. Für viele Frauen ist es eine ganz neue Erfahrung, mit anderen Frauen zusammenzuleben, und es ist toll zu sehen, wie sie einander unterstützen, Netzwerke knüpfen. Es gibt auch eine Gruppe von ehemaligen Bewohnerinnen, die sich regelmäßig trifft und auch zu den aktuellen Bewohnerinnen Kontakt sucht. Ab und zu machen wir gemeinsame Ausflüge oder unternehmen etwas mit den Kindern. Und da denke ich immer bei mir: Toll, dass unsere Arbeit so vielen Frauen wirklich geholfen hat.

Natürlich gibt es auch immer mal Probleme. Das Frauenhaus ist ja auch ein bisschen eine Zwangsgemeinschaft, es gibt nicht viel Platz, sich aus dem Weg zu gehen. Es gibt nur eine Küche und nur einen Fernseher, und manchmal kracht es auch ganz schön. Manchmal müssen wir Sozialarbeiterinnen auch daran erinnern, dass wir nicht die Herbergsmuttis sind und dass das Klo manchmal eben sauber gemacht werden muss. Das kann mühsam sein, dieses Zusammenleben zu koordinieren.

Als Sozialarbeiter steht man immer vor dem Dilemma, wie weit man sich die Probleme anderer Menschen zu eigen macht. Natürlich habe auch ich so etwas wie eine professionelle Distanz, aber ich kann nicht behaupten, dass ich meine Erlebnisse abends mit dem Mantel an die Garderobe hängen kann und dann nicht mehr darüber nachdenke. Das funktioniert nicht. Es gibt Dinge, die mich erschüttern, berühren und traurig machen, und das kann ich auch nicht einfach so wegschieben.

Ich treibe viel Sport gegen die Wut, die sich manchmal in mir anstaut. Und ich habe tolle Kolleginnen und Kollegen, mit denen ich sehr viel rede. Man entwickelt einen gewissen Galgenhumor, den nicht jeder versteht. Natürlich wird bei uns auch viel gelacht, sonst könnte man den Beruf auch nicht machen. Aber Außenstehende finden das vielleicht manchmal befremdlich, diese Art von Humor.

Privat erzähle ich nicht so gern aus meinem Beruf. Weil ich immer in die Rolle gerate, zu erklären, warum misshandelte Frauen sind, wie sie sind. Warum geschlagen wird und sich manche schlagen lassen. Es ist auch ein bisschen Selbstschutz, so etwas nicht zum Gesprächsthema werden zu lassen, wenn ich mit Freunden in der Kneipe sitze. Weil Freizeit auch für mich Freizeit sein muss, es gibt ja auch noch ein paar andere Dinge in meinem Leben.

Es ist immer merkwürdig, wenn diese beiden Welten miteinander in Berührung geraten. Es gab zum Beispiel mal eine Zeit, in der wir telefonisch von einem Mann bedroht wurden. Der rief immer wieder auf unserem Beratungstelefon an und sagte, dass er das Frauenhaus abfackelt, dass er uns alle umbringen wird. Das hat mich erst nicht groß bewegt, es gibt immer mal Spinner, die uns bedrohen, und eigentlich machen die mir auch nicht so schnell Angst. Aber an einem Abend hatte ich Bereitschaftsdienst und hatte das Telefon mit nach Hause genommen. Meine Kinder haben laut im Hintergrund gespielt, als dieser Typ wieder anrief und sagte: »Aha, du hast also Kinder? Ich finde raus, wo du wohnst, und dann kriege ich euch. Dann bringe ich euch alle um!«

Das war ein Schock, ein richtiger Stich im Magen. Und da habe ich doch Angst bekommen. Zum Glück haben sie den Typen gekriegt und in eine Klinik eingewiesen.

Es gibt immer wieder so Erlebnisse, die einen lange nicht loslassen. Eine Mutter, die von der Polizei zusammen mit ihrer Tochter ins Frauenhaus gebracht wurde, mitten in der Nacht. Die Tochter hatte der Mutter gerade anvertraut, dass der Vater sie missbraucht. Die ist aus allen Wolken gefallen und stand völlig unter Schock. Und draußen lief der Vater mit einer Waffe rum und hat sich noch in derselben Nacht erschossen.

Oder eine Frau mit Drogenproblemen, die eines Nachts einfach verschwunden ist und uns die Kinder dagelassen hat. Ein paar Tage später hat man sie dann tot gefunden, wahrscheinlich eine Überdosis … Wir hatten auch schon Selbstmordversuche im Haus. Und da fragt man sich natürlich schon: Hätte ich da besser hinschauen müssen? War ich nicht ansprechbar genug? Habe ich Signale übersehen?

Jeden Monat habe ich eine Woche und ein Wochenende lang Bereitschaftsdienst. Das heißt, ich muss jederzeit erreichbar sein und im Zweifel sofort alles stehen und liegen lassen und zu einem Einsatz fahren – egal, ob es mitten in der Nacht ist oder ich in der Sauna bin oder im Kino sitze. Wenn zum Beispiel eine Frau nachts von der Polizei ins Frauenhaus gebracht wird, muss ich da sein und sie aufnehmen. Und natürlich auch für ein Gespräch zur Verfügung stehen. In dieser Zeit müssen einfach alle privaten Verpflichtungen zurückstehen, das ist nun mal der Job.

Ich glaube, man muss schon ein bisschen der Typ dafür sein, um an so einer Arbeit auch Spaß zu haben. Ich wundere mich immer, wie häufig ich auf der Straße von fremden Leuten angesprochen werde. Oder wie oft ich zum Beispiel in der S-Bahn mit jemandem ins Gespräch komme, der mir dann ganz unvermittelt etwas sehr Privates erzählt. Da frage ich mich schon: Steht mir auf der Stirn geschrieben, dass ich Sozialarbeiterin bin? Ganz offensichtlich strahle ich etwas aus, was es den Menschen leicht macht, sich zu öffnen.

Das bedeutet für mich aber auch, dass ich gut auf mich aufpassen muss. Ich darf einfach nicht alles an mich ranlassen, ich bin nicht die Retterin der Welt.

Auch muss ich immer ein bisschen darauf achten, von den betroffenen Frauen nicht zu schnell für eine Freundin gehalten zu werden. Natürlich gibt es ein vertrauensvolles Verhältnis, und man kommt sich nah. Aber es gibt eben auch Momente, wo ich sagen muss: »Ich kann nicht mehr, ich brauche eine Pause, um zu regenerieren, dann bin ich morgen wieder fit und für alle da. Aber bis dahin: Erzähl es bitte jemand anderem.« Die meisten Frauen akzeptieren das auch und nehmen es nicht persönlich. Es ist auch für sie manchmal ganz entlastend zu sehen, dass wir auch nicht immer alles wissen und auf die Reihe kriegen, mal einen schlechten Tag haben. Und mit der Zeit habe ich das auch für mich akzeptiert: Ich muss nicht immer die perfekte Beraterin sein, die für alles eine Lösung hat und immer sagen kann: »Da geht's lang!«

Ich wundere mich oft, wie viel Kraft diese Frauen haben. Was die alles aushalten. Auch wenn sie jahrelang misshandelt werden, teilweise völlig isoliert sind, schaffen es viele, dabei doch ihre Kinder zu sehr stabilen Persönlichkeiten zu erziehen oder erfolgreich in ihrem Job zu sein. Und das sage ich ihnen auch immer: »Das ist toll, was du geleistet hast. Du hast Ressourcen in dir, die es dir möglich gemacht haben, das alles auszuhalten und jetzt hier vor mir zu sitzen. Jetzt zeige ich dir ein paar Möglichkeiten auf, wie du diese Kraft nutzen kannst, dein Leben weiterzuleben, ohne Gewalt.«

Viele Frauen brauchen einfach jemanden, der ihnen in diesem ganzen Chaos als Lotse dient. Wir vermitteln sie zur Schuldnerberatung, gehen mit ihnen auf die Ämter, vermitteln Therapien. Wir begleiten die Frauen auch mit zum Jugendamt, weil viele unheimlich Angst haben, dass man ihnen die Kinder wegnimmt, wenn sie dort was Falsches sagen.

Das hat natürlich den Nebeneffekt, dass viele Frauen auch nach ihrer Zeit bei uns mit ihren Problemen weiter zu uns kommen. Mit Briefen vom Amt, die sie nicht verstehen. Oder mit Formularen, die sie ausfüllen müssen. Das ist natürlich manchmal mühselig, andererseits finde ich es toll, bei manchen über mehrere Jahre die Entwicklung verfolgen zu können. Zu sehen: Die packen das, die rutschen nicht wieder in eine Gewaltbeziehung.

Eigentlich ist es auch gar nicht die Arbeit mit den Frauen, dich mich am meisten belastet. Die macht ja auch Spaß und gibt mir viel Bestätigung. Belastend ist viel mehr das ganze Drumherum. Die ständige Sorge ums Geld, das ständige Beantragen von Förderung, das Zittern, ob die Anträge genehmigt werden – das raubt sehr viel Kraft und Energie. Ich muss viel Lobbyarbeit machen, mich mit Politikern und Geldgebern treffen und den Geldbedarf ständig rechtfertigen. Es gibt zum Beispiel im Frauenschutzhaus Zeiten, da kommt jede Woche eine neue Frau zu uns. Manchmal klingelt aber auch sechs Wochen lang kein einziges Mal das Telefon. Und schon heißt es: »Aha, offensichtlich gibt es keinen Bedarf, dann braucht ihr ja auch nicht so viel Geld.«

Natürlich wäre es gut, wenn wir mehr Personal hätten. Ich wäre zum Beispiel froh, wenn wir mehr psychologische Betreuung für die Kinder organisieren könnten. Im Moment kommt eine Kollegin von außerhalb ins Haus, die nur für die Kinder da ist. Und da sehe ich, wie wichtig das ist. Die Kinder merken das: Da kommt jemand nur für mich, ich bin auch wichtig. Ich kann nicht gleichzeitig Beraterin für die Mütter und die Kinder sein, weil die Kinder mir dann nicht alles erzählen. Die schützen ihre Mütter, ziehen sich oft total zurück, weil sie merken: Mama geht es nicht gut. Und da ist es wichtig, ihnen möglichst umfassend die Möglichkeit zu geben, bei jemandem ihre Sorgen loszuwerden, von dem sie sicher sein können, dass das nicht gleich die Mutter erfährt.

Was mich häufig ärgert, ist der Vorwurf, wir würden Frauen gegen Männer aufhetzen. Oder den Männern das Umgangsrecht mit ihren Kindern verwehren. Das ist natürlich Quatsch. Im Übrigen beraten wir natürlich auch Männer, die Opfer häuslicher Gewalt werden. Pro Jahr sind es etwa drei Fälle, die Quote ist nicht sehr hoch. Aber natürlich hat jeder das Recht auf eine respektvolle und umfassende Beratung, egal ob Mann oder Frau.

Männer werden natürlich auch geschlagen, manchmal von ihren Frauen, häufig aber auch von anderen Familienmitgliedern. Da verprügelt der Sohn den Vater oder der Schwager oder der Bruder wird gewalttätig. Und für Männer ist die soziale Hürde, sich als Opfer erkennbar zu machen und sich Hilfe zu suchen, noch einmal höher. Da leiden Männer noch mehr unter den traditionellen Rollenzuweisungen als Frauen. Ich mache manchmal Fortbildungen für Polizisten zum Thema häusliche Gewalt. Und wenn dann die Sprache auf männliche Opfer kommt, sitzen die Jungs da und grinsen vor sich hin.

Es wäre sicherlich gut, wenn es auch in meinem Beruf mehr Männer gäbe, aber bislang ist das schon eine Frauendomäne. Wir arbeiten eng mit einem Täterprojekt zusammen, eine Stelle, die Täter von häuslicher Gewalt berät, wie sie ihr Verhalten in den Griff bekommen können. Und es war sehr schwer, dafür männliche Sozialarbeiter zu finden.

Ich werde oft gefragt, ob ich durch meine Arbeit nicht einen negativen Blick auf Männer bekomme. Ob ich Männer hasse. Und ich kann ganz klar sagen: nein! Ich kenne viele großartige Männer. Und gerade mein Mann muss sehr viel aushalten, sehr viel Verständnis haben und sich sehr viele Geschichten anhören. Wenn ich ihn nicht hätte, wenn er das nicht mittragen würde, könnte ich diesen Job gar nicht machen.

Jede vierte Frau in Deutschland erlebt mindestens einmal in ihrem Leben körperliche, sexuelle oder psychische Gewalt. +++ Nach Angaben von Terre des Femmes fliehen jährlich 45 000 Frauen in Deutschland vor ihren gewalttätigen

Männern in Frauenhäuser. Inzwischen gibt es in einigen Gemeinden auch Männerhäuser, wo männliche Opfer häuslicher Gewalt Schutz finden. +++ Beinahe 6% der rund 122 000 Sozialarbeiter und Sozialpädagogen in Deutschland sind in Berlin beschäftigt – so viele wie in keiner anderen Region. In der Hauptstadt gibt es laut der Bundesagentur für Arbeit auch den größten Bedarf und den höchsten Anteil an offenen Stellen. +++ 78% aller Studierenden im Fach Sozialwesen sind Frauen.

»Ich bin weder Psychologin noch ein Beichtstuhl.«

Elke, 58 Jahre, Wirtin, kann Tresenquatscher nicht ertragen und weiß trotzdem über den Zustand aller Ehen im Viertel Bescheid.

Die Kneipe ist mein Theater. Hier steh ich auf der Bühne, ich bin die Seele des Lokals. Ich habe schon oft ans Aufhören gedacht. Aber wenn ich mir das dann vorstelle, fällt mir nichts ein, was ich sonst machen wollen würde. Also stehe ich weiterhin sechs Tage die Woche hinterm Tresen, bis morgens um vier. Dann schlafe ich bis eins, und spätestens um 16 Uhr bin ich wieder da.

Für die Gastronomie muss man geboren sein. Man muss das mit Haut und Haaren wollen, sonst wird man unglücklich. Ich habe zum Beispiel nur sehr wenige Freunde. Bei diesem Lebensrhythmus kann man keine Freundschaften pflegen. Beziehungen sind auch schwierig, man sieht sich ja kaum. Und hier jemanden kennenlernen im Laden, das würde ich nicht wollen, das müsste schon in einem anderen Zusammenhang passieren. Aber dafür gibt es ja kaum Gelegenheit. Trotzdem stehe ich jeden Abend gern hier.

Man muss für viele Dinge ein Auge haben, es gibt Sachen, die Männer nie sehen würden. Ob die Blumen farblich mit den Tischdecken harmonieren, ob Spinnweben oben in den Ecken hängen. Ich sehe sofort, wenn ein Gast etwas braucht, ich höre, ob irgendwo eine Gabel runterfällt. Ich gebe meinen Gästen das Gefühl: Ich bin für euch da und sorge gern dafür, dass ihr euch wohlfühlt.

Wir sind ein kleines Traditionslokal mit gutbürgerlicher Küche. Bei uns kommt alles frisch auf den Tisch, von der Bulette bis zum Gänsebraten, wir legen auch unsere Heringe selber ein. Ich habe zu neunzig Prozent Stammgäste, die wollen eben auch eine bestimmte Ansprache haben, wenn sie das zweite oder dritte Mal hier sind: »Ach, schön, dass Sie wieder da sind! Freut mich!«, oder: »Ich könnte Ihnen heute dieses oder jenes empfehlen.« Oder wenn der Gast nicht weiß, wie er was zu essen hat, zum Beispiel eine Seezunge, sage ich: »Trauen Sie sich ruhig ran, das ist ganz einfach, ich zeige es Ihnen, oder ich mache Ihnen das fix und fertig nachher am Tisch!« Das ist es, was mir Spaß macht.

Früher hatte ich auch eine ganze Menge Tresenhocker hier sitzen. Aber ich hör mir nicht deren Gesülze an, und das haben die auch schnell begriffen. Männer, die einen auf einsam und unglücklich machen, obwohl zu Hause die Frau sitzt und wartet, dass er endlich nach Hause kommt, so was ertrage ich nicht. Ich bin weder Psychologin noch ein Beichtstuhl. Vor vierzehn Jahren, als wir hier angefangen haben, habe ich mir das alles noch angehört, da konnte ich ja keine Gäste vergraulen.

Das heißt ja auch nicht, dass ich nicht gern quatsche und tratsche, ich finde es natürlich toll, alles zu wissen, was hier in der Nachbarschaft passiert. So weiß ich über den Zustand der meisten Ehen hier in der Umgebung bestens Bescheid. »Mensch, hast du schon gehört, die Soundso ist schwanger!«, »Ach!«, »Mit 45!«, »Um Gottes willen!« – Das sind dann eben Neuigkeiten, die so ausgetauscht werden, das gehört dazu.

Früher gab es auch mehr politische Debatten hier, das hat auch stark abgenommen. War manchmal natürlich ganz interessant, ist aber auch immer in Streit ausgeartet. Jetzt höre ich manchmal so mit halbem Ohr hin, wenn sich an einem Tisch die Rechtsanwälte oder Architekten über ihre Projekte unterhalten. Manche fragen mich dann auch: »Na, Elke, haste zugehört? Was meinst du denn jetzt dazu?«

Inzwischen habe ich mir hier schon mein Image als Tresenzicke erarbeitet. Wenn mir jemand blöd kommt oder sich nachts um zwei immer noch an einem lauwarmen Bier festhält, dann setze ich den auch vor die Tür. Mit dem Rauchverbot ist das aber ohnehin weniger geworden. Die, die früher nur zum Biertrinken kamen, kommen immer weniger. Das ist natürlich auch ein großer Umsatzeinbruch. Die kleinen Tische mit den Barhockern hier vorm Tresen, die waren vorher jeden Abend voll. Jetzt sitzt da kaum noch jemand.

Das ist eigentlich eine sehr gute, gutbürgerliche Gegend hier. Aber man soll nicht glauben, dass hier deshalb weniger Alkoholiker rumlaufen. Tagsüber wahren die Leute die feine Fassade, und abends in der Kneipe zeigen sie ihr wahres Gesicht.

Ich kann Besoffene nicht ab. Das Gequatsche, das Gehabe, alles Drumherum, widerlich! Dann machen sie die Hose nicht zu, wenn sie auf dem Klo waren, pinkeln daneben, wie das halt so ist. Ich habe auch schon einen gehabt, der hat sich in seinem Suff splitternackt vor mir ausgezogen. Fragt mich: »Willst du mich mal nackend sehen?« Ich sage: »Nee, habe ich gar kein Verlangen nach!« Und er: »Na, ich mach's aber gerne!« Ich sage: »Brauchst du nicht, ich will das jetzt wirklich nicht sehen!« Dann habe ich kurz weggeguckt und ein paar Gläser abgewaschen, und als ich wieder hochgucke, hatte der schon alle Klamotten ausgezogen …

Ist schon traurig zu sehen, was der Alkohol aus Menschen macht. Ich kenne viele Gastronomen, die selber anfangen zu trinken, weil sie es anders auch nicht ertragen. Aber ich trinke nie während der Arbeit. Und wer voll ist, wird von mir auch gnadenlos hinausbefördert. Ich kann das ganz gut, ich hake die unter und setze sie draußen wieder ab. Ich denke, so was können Frauen auch besser, wenn Männer das machen, kommt schon eher mal aggressive Stimmung auf.

Als ich jünger war, in meiner ersten Kneipe, da habe ich mit meiner Kollegin abends immer die besoffenen Kerle untergehakt, die, die schon mit dem Gesicht im Aschenbecher lagen und geschnarcht haben. Und die haben wir vor der Tür wieder abgeladen. Einen Sommer lang gab es direkt neben dem Eingang eine kleine Baugrube, da haben einige auch die Nacht über in der Kuhle gelegen und ihren Rausch ausgeschlafen.

Das war eine gute Schule, ich lasse mir auch heute nicht alles gefallen. Ein Gast, der ging mir schon ewig auf die Nerven, weil er ständig hinterm Tresen durch ist, wenn er mal aufs Klo musste. Ganz unangenehmer Typ. Und eines Abends war der Laden gerappelt voll, ich habe gezapft und gezapft wie eine Irre, und er schrie durch den ganzen Raum: »Ey, du blöde Kuh, wo bleibt mein Bier?« Da bin ich auf den Tresen gestiegen, hab ihn mir gegriffen und dem richtig eine gescheuert. Der war total perplex. Und ich: »So, zahlen und dann raus hier, und zwar deine ganze Bagage!« Danach hat er sich ein paar Monate lang nicht blicken lassen. Jetzt kommt er wieder und ist immer ausgesprochen freundlich.

Ich habe natürlich auch schon diverse Eifersuchtsszenen miterlebt. Da stürmen Frauen in den Laden und gießen ihren Männern das Glas Bier übern Kopf oder schmeißen mit Schnapsgläsern. Sind natürlich immer herrlich, solche Szenen. Manche Männer kommen auch gern abwechselnd mit ihrer Ehefrau oder ihrer Freundin her. Finde ich schon ziemlich geschmacklos, aber so ist das eben.

Wie gesagt: Seit dem Rauchverbot sind die wilden Zeiten ein bisschen vorbei, jetzt kommen die Gäste eher zum Essen. Aus gastronomischer Sicht muss ich sagen, dass Frauen furchtbare Gäste sind. Weil sie nichts verzehren. Die sitzen hier und kommen mit einem Glas Wasser und einem Salat über den Abend. So kann ich meine Miete nicht bezahlen.

Im Sommer muss ich mit den paar Tischen draußen auf der Terrasse meinen Umsatz machen. Und da muss ich schon gucken, dass nicht an jedem Tisch ein einzelner Gast sitzt, sich stundenlang an einem Kaffee festhält und von mir auch noch unterhalten werden will. Das ist ja kein Biergarten hier.

In den Achtzigerjahren, da hat bei den Gästen das Geld noch keine so große Rolle gespielt, da war egal, was es kostet. Da wurde auch noch Champagner getrunken, das wird heute kaum noch bestellt. Wenn jemand Geburtstag hat, dann kommt vielleicht mal eine Flasche Prosecco auf den Tisch. Jetzt habe ich hier manchmal einen Mann sitzen, von dem ich weiß, dass er Millionär ist. Und wenn er seine Rechnung zahlt, kommt er mir immer mit seinem ganzen Klimpergeld, mit 5- und 10-Cent-Stücken. Da sag ich dann: »Nee, das will ich nicht! Stecken Sie das wieder ein, geben Sie mir einen Schein, und ich gebe Ihnen den Rest raus. Ich habe doch keine Lust, hier heute Nacht mit einem Sack voll Kleingeld rauszumarschieren!«

Die Konkurrenz unter den Wirten hier in der Gegend ist groß. Es gibt so Kandidaten, die hetzen sich ständig gegenseitig das Ordnungsamt auf den Hals. Wir hatten auch lange Jahre Stress mit einer Dame, die in die Wohnung direkt über uns gezogen war. Hat sich permanent über Lärm beschwert. Aber wenn ich das nicht abkann, na dann ziehe ich doch nicht direkt über eine Gastwirtschaft, oder?

Irgendwann ist sie ausgezogen, und der Hausverwalter

hat mich gefragt, ob ich da nicht einziehen will. Und das habe ich gemacht. Ist einerseits sehr praktisch, weil ich nach Feierabend wirklich direkt unter die Dusche und dann ins Bett fallen kann. Andererseits bin ich immer sofort erreichbar und werde natürlich auch angerufen, wenn ich eigentlich mal einen Tag freihabe. Damit spielt sich mein Leben wirklich fast ausschließlich hier im Lokal ab. Ich habe mich damit abgefunden.

Ich bin gespannt, was aus dem Laden hier wird, wenn ich ihn irgendwann nicht mehr mache. Mein Sohn macht etwas ganz anderes, der hat mit Gastronomie nicht viel am Hut. So an der Bar stehen, mit den ganzen bunten Flaschen, Cocktails mixen und die Mädchen beeindrucken, das wäre vielleicht noch was für ihn gewesen. Aber im Ernst: Wer möchte denn heute noch so leben? Vierzehn Stunden arbeiten, sechs Tage die Woche, immer nur hin und her zwischen Wohnung und Kneipe? Man wird ja auch weiß Gott nicht reich damit.

Ich glaube, die schönste Zeit hatte ich, als ich fünfundzwanzig war. Ich war jung, und alles war leicht, und ich war noch viel unbedarfter. Da habe ich eine Weile auf Sylt gearbeitet, in einem Café. Ab und zu kam Gunter Sachs mit seinem Motorrad vorbei, der war damals ja ein wirklich hübscher Kerl. Und hat mich immer gefragt: »Na, Elke, drehen wir schnell eine Runde?« Also hab ich mein Tablett abgestellt, den Gästen gesagt, dass ich mal eben mit Gunter eine Runde fahre und gleich wieder da bin. Ich hab mich mit meinem kurzen Röckchen auf sein Motorrad geschwungen und los ging's! Das war natürlich eine Sensation, denen stand der Mund offen. Und mein Tag war gerettet. Würde ich mich heute sicher nicht mehr trauen, so etwas.

Jeder Deutsche trinkt im Schnitt über 100 Liter Bier pro Jahr. +++ Vier Millionen Menschen gelten in Deutschland als alkoholgefährdet, drei Millionen als alkoholabhängig. 500 000 davon sind Kinder und Jugendliche. +++ 30 000 Menschen sterben jährlich an den schädlichen Folgen des Alkohols. +++ Passivrauchen am Arbeitsplatz bescherte Beschäftigten in der Gastronomie bislang ein doppelt so hohes Krebsrisiko. Trotzdem lehnt eine Mehrzahl der Wirte in Deutschland das generelle Rauchverbot ab und befürchtet erhebliche Umsatzeinbußen. +++ Unter den größten Gastronomieunternehmen in Deutschland findet man neben McDonald's, Burger King und Nordsee auch die Kaufhausketten Karstadt oder Ikea.

»Frauen wollen Balkone, Männer einen großen Keller.«

Wiebke, 45 Jahre, Immobilienkauffrau, über Paare beim Nestbau und warum sie immer aufräumt, bevor sie aus dem Haus geht.

Das Schöne an meinem Job ist, dass ich fast immer gute Nachrichten überbringen kann. Ich rufe Kunden an und sage ihnen: »Sie haben die Wohnung!« Und so habe ich in der Regel mit glücklichen Menschen zu tun. Ich arbeite für eine Wohnungsbaugesellschaft, mit siebzigtausend Wohneinheiten. Und da ist alles dabei: von der topsanierten Fünfzimmeraltbauwohnung bis zur Einzimmerwohnung mit Kohleofen und Dusche in der Küche. Das ist ein großes Spektrum, das mich mit sehr vielen unterschiedlichen Menschen zusammenbringt. Und ich bekomme einen sehr intimen Einblick in ihr Leben.

Wenn Paare sich eine Wohnung angucken, gibt es fast immer dasselbe Muster: Letztlich haben die Frauen das Sagen. Frauen wollen Balkone, Männer einen großen Keller. Und Frauen sind deutlich anspruchsvoller, was zum Beispiel den Zustand von Badezimmern betrifft. Da sagen die Männer dann eher: »Ach, das mach ich selber, die paar Kacheln!«

Lustig finde ich immer, wenn Paare sich vor mir schon darüber streiten, wie sie die Wohnung einrichten, noch bevor sie überhaupt eine Zusage haben. Und bei sehr jungen Paaren, die zum ersten Mal zusammenziehen, bin ich auch immer noch ein bisschen skeptisch. Da denke ich schon oft: Na, ob das mit euch beiden hält? Kann man denen natürlich nicht so ins Gesicht sagen, verknallt wie die sind. Manchmal horche ich vorsichtig bei den Eltern nach, was die von der Sache halten.

Es ist schon interessant, worauf die Leute so achten, wenn sie sich Wohnungen ansehen. Mir wäre ja ein Balkon nicht so wichtig, wer berufstätig ist, der hat doch eh nicht Zeit, viel darauf zu sitzen. Mir wären gut isolierte Fenster wichtig, dass es in jedem Raum genügend Steckdosen gibt und das Badezimmer in einigermaßen gutem Zustand ist. Aber da wird kaum drauf geachtet.

Die Leute flippen regelmäßig aus, wenn die Wohnung abgezogene Dielen hat. Klar, das sieht toll aus, aber ist auch wahnsinnig laut. Da ist Stress mit den Nachbarn schon vorprogrammiert. Und gerade die alten Dielenböden haben große Fugen, in denen sich unheimlich viel Dreck sammelt. Ich würde da ja immer Laminat oder Teppich drauflegen. Aber so sind die Geschmäcker eben verschieden.

Wenn ich mehrere Bewerber für eine Wohnung habe, dann ist es natürlich so, dass derjenige mit dem sichersten Job und dem höchsten Gehalt auch die besseren Chancen hat. Manchmal entscheidet aber auch mehr mein Bauchgefühl. Wenn Eltern für ihre Kinder bei mir anrufen, dann denke ich mir: Der ist doch volljährig, kann der sich nicht allein um eine Wohnung kümmern? Wenn er das nicht mal selbstständig hinbekommt, wie soll er dann alleine wohnen? Viele Leute erzählen mir während der Besichtigung auch gleich ihre ganze Lebensgeschichte. Wie sie sich kennengelernt haben, wie ihre alte Wohnung so war, ob sie Nachwuchs planen. Andere lassen sich gar nicht in die Karten gucken.

Ich lasse mich natürlich nicht bestechen. Was aber nie schaden kann, wenn man eine Wohnung unbedingt will: Während der Besichtigung freundlich zu mir zu sein. Und zumindest pünktlich zum Termin zu erscheinen. Wenn einer schon mit Alkoholfahne zur Besichtigung kommt, kann er die tollsten Unterlagen haben, der bekommt die Wohnung garantiert nicht.

Gerade in den etwas problematischeren Ecken habe ich auch ein Interesse daran, dass das Viertel nicht kippt. Dass die soziale Mischung stabil bleibt. Ich bin ja auch den anderen Mietern im Haus gegenüber verantwortlich. Wenn jemand wegen Totschlags im Knast gesessen hat und jetzt mit seinen vier Kampfhunden in eine Zweiraumwohnung ziehen will, dann muss ich mir das sehr genau überlegen, schon im Interesse meiner Firma. Natürlich sollte jeder die Chance auf eine Wohnung bekommen, aber wenn mir dann innerhalb von wenigen Monaten alle anderen Mieter im Haus kündigen, habe ich auch nichts gewonnen.

Ich hatte mal so einen Fall, da hatte ich eine sehr junge Kundin, die eine kleine Wohnung suchte. Und irgendwie dachte ich, die braucht noch einmal eine zweite Chance. Sie war in ihrer alten Umgebung ziemlich abgerutscht und wollte sich daraus befreien. Weg von den falschen Freunden, sich einen Job suchen, ihr Kind vom Jugendamt zurückbekommen. Also habe ich ihr die Wohnung gegeben, weil ich weiß, wie elementar die eigenen vier Wände sind. Ich dachte, die kann das wirklich schaffen, ihr Leben auf die Reihe zu bringen. Aber das hat leider gar nicht funktioniert, und innerhalb weniger Wochen haben sich sämtliche Nachbarn beschwert. Ständig Partys, all die alten Kumpels haben mit in der Wohnung gehaust. Wir haben ihr dann mit Unterstützung der Jugendhilfe eine andere Wohnung vermittelt, und sie ist ausgezogen.

Wenn ein Mieter monatelang gar keine Miete zahlt, dann müssen wir auch manchmal zwangsräumen lassen. Das ist schon heftig, schließlich nimmt man jemandem ja das Dach über dem Kopf weg. Ich muss mir dann immer wieder sagen: Der hätte doch einfach nur zum Amt gehen müssen, die zahlen die Miete ja. Aber in der Regel sind die Mieter dann ohnehin schon über alle Berge und woanders untergekommen. Es kommt auch selten vor, dass jemand später die Möbel oder den Hausrat abholt, den wir aus solchen Wohnungen holen und einlagern.

Grundsätzlich kann man aber nicht vorher sagen, ob jemand ein guter Mieter ist oder nicht. Manche sehen ziemlich fertig aus, machen sich aber aus ihrer Wohnung eine echte Puppenstube. Mit Gardinchen, Nippes und

Knick im Sofakissen. Und andere, wo man das nicht gedacht hätte, lassen sie total verwahrlosen. Das ist eigentlich die traurige Seite meines Berufes, wenn ich mitbekomme, dass manche Leute völlig ohne Perspektive sind. Sich zu nichts aufraffen können, sich einigeln und es auch nicht schaffen, ihre Wohnung in Ordnung zu halten. Die denken sich: Wozu soll ich aufräumen, kommt ja eh keiner vorbei.

Auch alte Menschen, die niemanden mehr haben und die den ganzen Tag allein in diesen vollgeramschten, dunklen Wohnungen vor dem Fernseher sitzen, das geht mir immer sehr an die Nieren. Neulich habe ich einen Mann besucht, der im Rollstuhl sitzt. Der musste aus seiner Erdgeschosswohnung ausziehen, weil er an einem Sauerstoffgerät hing und die Wohnung noch Kohleheizung hatte. Und das hat mich wahnsinnig traurig gemacht, diesen einsamen Mann, allein mit seinem gurgelnden Sauerstoffgerät da in dieser verlebten Wohnung sitzen zu sehen. Da macht man sich schon Gedanken: Wie wird es mir mal gehen? Werden meine Kinder mich noch besuchen, wenn ich alt bin?

In den Vierteln, in denen viele Ausländer wohnen, beobachte ich das nicht, diese Vereinsamung. Da gibt es schon noch einen besonderen Familienzusammenhalt, und das finde ich schön. Dort habe ich beruflich gesehen andere Probleme, die eher damit zusammenhängen, dass die deutsche Rechtsprechung nicht von jedem Kulturkreis wirklich ernst genommen wird. Da muss ich manchmal den Mietern schon erklären, dass man seine Wohnung nicht einfach so einem Cousin weitervermieten kann ohne Vertrag. Die sagen natürlich: »Wieso denn nicht, die Miete kam doch pünktlich, wozu ein Vertrag?« Aber so sind eben die Vorschriften.

Es gibt auch Wohnungen, die wird man schwer los. Eine hatte ich mal zwei Jahre lang unvermietet. Verstanden habe ich es nicht, die Nachbarwohnungen, die genauso geschnitten waren, habe ich problemlos vermieten können. Ich bin natürlich auch darin geschult, »Verkaufsgespräche« zu führen, also den Leuten gut zuzureden. Ich selber bekomme zwar keine Provision, aber es ist ja nicht im Interesse der Firma, wenn Wohnungen lange leer stehen. Aber ich muss sagen, dass ich Leute ungern bequatsche, mich nervt das ja selber schon, wenn ich was einkaufe und ständig noch etwas extra angedreht bekomme. Es ist schon wichtig, dass Wohnung und Bewohner wirklich zueinanderpassen, sonst habe ich hinterher einen unglücklichen Mieter, der mir noch viel mehr Arbeit macht.

Manchmal träume ich mich selber in eine Wohnung, die mir gut gefällt. Dann stelle ich mir vor, wie ich die Zimmer einteilen und wie ich alles einrichten würde. Ich schaue mir auch bei anderen Leuten etwas ab, wenn mir eine Einrichtungsidee gut gefällt. Manchmal werde ich von Mietern auch um Rat gefragt. Da muss ich innerlich schmunzeln, wenn Leute ihren Schrank quer ins Zimmer stellen und dann total glücklich sind, wenn man ihnen vorschlägt: »Stellen Sie den Schrank doch einfach hier an die Wand.«

Was mich gruselt, sind Nachlasswohnungen. Wenn ein Mieter verstorben ist, keine weiteren Angehörigen hat, und man muss dann in die Wohnung und alles räumen lassen. So etwas mache ich nie allein, weil es mir so unangenehm ist. So intim. Ich wurschtel da in der Unordnung einer fremden Person rum, die ja auch nicht wollte, dass man ihre Wohnung in diesem Zustand sieht. Mir jedenfalls wäre die Vorstellung unangenehm.

Meine Mutter war Krankenschwester und hatte viel mit Unfällen zu tun. Und sie hat mir immer eingeschärft: Nie die Wohnung unordentlich zurücklassen, wenn man aus dem Haus geht. Wer weiß, ob man wiederkommt. Das beherzige ich bis heute.

In Deutschlands Städten werden vor allem zentrumsnahe Wohnungen knapp, die Menschen zieht es vom Speckgürtel an der Peripherie zurück in die Stadtkerne. Wirtschaftsmetropolen wie Stuttgart, München, Frankfurt oder Hamburg sowie Universitätsstädte wie Mainz, Würzburg oder Münster müssen mit besonders vielen Zuzüglern fertig werden. +++ Gleichzeitig stehen in Ostdeutschland Tausende Quadratmeter Wohnfläche leer und werden mit staatlichen Fördermitteln abgerissen oder saniert. +++ Seit 1995 verringerte sich die Zahl der jährlich neu errichteten Wohnungen in Deutschland um zwei Drittel. Die Bundesrepublik rangiert damit im europäischen Vergleich bereits an der letzten Stelle. +++ Da immer mehr Menschen allein leben, wächst die Zahl der Haushalte rasant. Bis 2025, so die Prognose des Statistischen Bundesamtes, soll sie von derzeit 39,5 Millionen um eine Million weiter zunehmen – trotz sinkender Bevölkerungszahl.

»Für mich ist das wie Brötchen verkaufen.«

Ingrid, 54 Jahre, Bankangestellte, hantiert gern mit Geld und würde dem Kerl, der sie überfallen hat, noch heute gern eine scheuern.

Für meine Kunden bin ich die Bank. Ich leite eine kleine Sparkassenfiliale in einem kleinen Ort, in dem ich mit einem Drittel der Bewohner per Du bin. Die Leute sagen nicht: »Ich geh zur Bank.« Die sagen: »Ich geh zu Ingrid, Geld holen.« Das ist schon eine besondere Verantwortung, ich kenne von allen meinen Bekannten hier im Ort die Kontostände. Ich weiß, ob sie Schulden haben oder ein Vermögen, von dem sonst niemand etwas ahnt. Und da ist es natürlich besonders wichtig, dass sie mir vertrauen.

Deshalb hat mich dieser Finanzcrash so geärgert, schon, weil wir jetzt kaum noch Zinsen zahlen können. 0,2 Prozent auf Dreißig-Tage-Geldanlagen! Da können die Leute ja gleich ihr Geld mit nach Hause nehmen und sich daran freuen. Ein paar Jungs zocken mit hochgefährlichen Anlagen und bringen meinen gesamten Berufstand in Verruf! Und jetzt machen sie gerade so weiter, als wäre nichts passiert.

Ich kann verstehen, dass die Leute misstrauisch sind. Bin ich ja auch. Mit Geld bin ich sehr konservativ, ich bin der klassische Sparer. Ich habe auch keine Aktien, weil ich nicht gut verlieren kann. Und ich berate meine Kunden auch nicht gern dazu. Das macht ein Kollege, der sich da besser auskennt.

Ich habe eine Menge Kunden, mit denen ich sozusagen gemeinsam alt werde. Schon vor der Wende war ich hier im Ort und habe in der Bank gearbeitet. Früher war es noch nicht Pflicht, ein Konto zu haben, wenn man zum Beispiel Rente beziehen wollte. Zu DDR-Zeiten wurde die immer am Ersten des Monats bar ausgezahlt. Und nach der Wende, als alle ein Konto einrichten mussten, sind viele immer noch am Ersten gekommen und haben ihre gesamte Rente abgehoben. Weil sie das Gefühl hatten: Wenn ich das Geld nicht in der Hand halte, ist es nicht da.

Da musste ich eine Menge Überzeugungsarbeit leisten. Es gibt eine alte Dame, die kommt immer regelmäßig, um ihre Kontoauszüge zu ziehen. Und bevor sie an den Automaten geht, fragt sie mich immer: »Ingrid, haste meine Auszüge schon in die Maschine getan? Kann ich schon ziehen?« Diese technischen Dinge sind für die Älteren gar nicht so einfach, und es hat mir immer Spaß gemacht, sie da ranzuführen. Den Bankautomaten zu benutzen zum Beispiel. Oder damit klarzukommen, dass es keine Sparbücher mehr gibt, in die der neue Kontostand immer noch reingestempelt wird. Das ist für viele gar nicht so leicht.

Eine ältere Kundin kam neulich zu mir und erzählte mir, dass sie Krebs hat und wohl nicht mehr lange leben wird. Sie hat für sich und ihren Mann immer alle Bankgeschäfte erledigt. Und da nahm sie meine Hand und sagte: »Ingrid, wenn ich nicht mehr bin, dann hilfst du ihm dabei, ja?«

Ich freue mich auch immer über Kinder, die ihre Sparbüchsen bringen. Manche haben auch ein Sparschwein und geben mir den Schlüssel, damit ich darauf aufpasse. Und ein kleiner Kerl kommt regelmäßig rein, weil er gucken möchte, ob ich seine hundert Euro noch habe. Dann halte ich einen Hunderteuroschein hoch, und er ist ganz erleichtert.

Die jungen Leute halten nicht viel vom Sparen. Einer hat mir mal gesagt: »Ich habe schon gar keine Lust mehr, zur Bank zu gehen, weil ich nicht ständig mit Ihnen übers Sparen labern will.« – »Tja, aber wenn du es nicht tust, dann tut es niemand für dich«, sage ich immer. Ich finde es nicht gut, wenn die Eltern den Jungen immer aus der Klemme helfen. Da kommen die mit Handyrechnungen von tausendsechshundert Euro nach Hause, und die Eltern bezahlen das. Ich sage dann natürlich nichts, aber es ärgert mich schon.

Natürlich sehe ich, wofür die Leute ihr Geld ausgeben, und manchmal wundere ich mich. Neue Fernseher, neue Computer und das alles, obwohl eigentlich nicht viel Geld da ist. Andere haben schon fast das Gefühl, dass sie sich bei mir entschuldigen müssen, wenn sie mal eine größere Summe abheben. Ich merke richtig, dass es ihnen ein Bedürfnis ist, das dann zu erklären. Dass sie eine Reise machen wollen zum Beispiel. Dann sage ich: »Ist doch toll, machen Sie das! Mit ins Grab nehmen können wir das Geld ja ohnehin nicht.«

Viele fragen mich, ob mich das nicht irre macht, den ganzen Tag mit so viel Geld umzugehen. Für mich ist das wie Brötchen verkaufen. Und es hat den Vorteil, dass ich nie krank bin. Kaum etwas ist so dreckig und voller Keime wie Geld, und mein Immunsystem ist mit den Jahren richtig abgehärtet.

Es hat schon große Vorteile, seine Kunden fast alle persönlich zu kennen. Ich war mal auf einem Polterabend eingeladen, da war ich die große Attraktion, weil ich alle Kontonummern der anwesenden Gäste auswendig aufsagen kann. Ich muss nie nach Personalausweisen fragen, ich kann eine Buchung vornehmen, auch wenn das Konto gerade nicht gedeckt ist, weil ich weiß, da kommt morgen Geld.

Ich habe auch schon mal abends beim Kassensturz gemerkt, dass tausend Euro fehlen. Eine Katastrophe! Also habe ich scharf überlegt, wer alles da war. Und da fiel mir einer von den Bauern ein, die immer ihr Geld so lose zusammengerollt in der Hemdtasche mit sich tragen. Der hatte eine große Summe abgehoben, und ich war mir sicher, dass ich mich da verzählt hatte. Also bin ich hingefahren und hab bei ihm geklingelt. Er hat gleich mal nachgeguckt – und tatsächlich, ich hatte ihm zu viel ausgezahlt. Da hat er nur gelacht und gesagt: »Kann ja mal passieren, Mädchen!«

Es war auch schon umgekehrt. Da hatte ich abends fünfhundert Euro zu viel in der Kasse. Das ist genauso eine Katastrophe, weil das ja heißt, dass ich einem Kunden sein Geld nicht gegeben habe, ihn sozusagen beklaut habe. Da fiel mir auch ein, wer das gewesen sein muss, ich also gleich hin. Die Kundin war schon ganz aufgelöst, weil sie sich gar nicht erklären konnte, wo das Geld geblieben war, das sie doch gerade erst abgehoben hatte. Mensch, war ich erleichtert. Und sie erst!

Dadurch, dass ich alle meine Kunden kenne und die mir so stark vertrauen, trage ich natürlich auch eine besondere Verantwortung. Ich bekomme natürlich auch Druck von oben, regelmäßig bestimmte Versicherungen oder Anlageprodukte zu verkaufen, es gibt eine vorgeschriebene Stückzahl, die man erbringen muss. Ich musste dann auch einmal zu einem Verkaufstraining, wo man dann so sprachliche Tricks lernt. Den Kunden zum Beispiel nicht anrufen und fragen: »Wollen wir nicht mal einen Termin machen und über Ihre Altersvorsorge reden?« Sondern sagen: »Ich möchte Sie gern einladen. Passt es Ihnen besser vormittags oder nachmittags?« Die Leute gleich festnageln. Und ihnen Dinge zwar erklären, aber nicht unbedingt so, dass sie das auch verstehen.

Ich weiß, dass das in den großen Filialen so gemacht wird: Die Leute werden ganz bewusst schlecht beraten. Und vor allem so, dass ihnen die Risiken bestimmter Anlagen gar nicht so richtig klar sind. Das wird von oben auch durchaus so gewünscht. Da werden Milliardenumsätze gemacht, aber das ist immer noch nicht genug. Aber so kann ich nicht arbeiten. Ich kann nicht in diesen Textbausteinen sprechen, das merken die Kunden doch. Die kennen mich seit Jahren und wundern sich dann, wenn ich plötzlich so komisch mit ihnen rede. Und wenn ich denen irgendeinen Quatsch andrehe und die verlieren eine Menge Geld, ohne dass ihnen vorher ganz genau bewusst war, welches Risiko sie eingehen, dann kann ich mich im Ort ja nie wieder blicken lassen.

Ich hatte mal einen jungen Kollegen, der hat die Anlagegeschäfte in der Filiale gemacht. Und als ich mal mitbekommen habe, wie der mit den Leuten redet, bin ich sofort dazwischengegangen. Der schmiss mit diesen ganzen Fachbegriffen um sich, und der arme Kunde rutschte immer tiefer in seinen Stuhl und war total verunsichert. So kann man mit den Leuten doch nicht reden! Und so macht die Bank auch kein gutes Geschäft.

Ich bin da immer im Zwiespalt, besonders wenn es um Kleinkredite geht. Ich kann den Leuten ja nicht sagen: »Hör mal, das sind echt schlechte Konditionen hier, überleg dir das, denk an die hohen Zinsen.« Aber ein bisschen leid tut es mir schon, die Leute brauchen eben dringend Geld, egal welche Konsequenzen das hat.

Die Bank unterscheidet auch zwischen A-Kunden und B-Kunden. A-Kunden sind die mit besonders viel Geld, und die werden dann natürlich auch besser behandelt. Bei mir im Ort hatten die Bezirksleiter verfügt, dass alle A-Kunden vor Weihnachten eine Flasche Wein nach Hause geliefert bekommen sollten. Und ich habe gesagt:

»Seid ihr wahnsinnig? Die reden doch alle untereinander! Dann erzählt einer seinem Nachbarn: ›Du, hast du auch dieses Paket von Ingrid bekommen?‹ Und wenn nicht, dann ist der natürlich sauer. So was geht nicht auf dem Land!«

Zweimal bin ich inzwischen überfallen worden. Das erste Mal war kurz nach der Wende, da haben sie mir nachts den Tresor ausgeräumt. Die Bank war damals noch in einer ganz schäbigen Hütte, mit einem Dach aus einfachem Wellasbest. Da haben die sich einfach durchgesägt, und der alte DDR-Tresor war für die auch kein Problem. Den haben die ganz in Ruhe aufgeschweißt.

Viel Geld haben sie nicht klauen können, weil ich nie viel dahatte. Aber ich habe trotzdem die ganze nächste Nacht nicht geschlafen – vor Wut! Richtig betrogen habe ich mich gefühlt, so als hätte der *mein* Geld geklaut.

Vor einigen Jahren gab es auch mal einen bewaffneten Überfall. Ich war gerade hinten beim Abwaschen in unserer kleinen Küche, und plötzlich sehe ich durch den Türspalt, wie ein maskierter Typ meiner Auszubildenden ein Maschinengewehr vors Gesicht hält. Die hat zum Glück alles richtig gemacht, hat ihm das gesamte Geld gegeben, das sie vorn in der Kasse hatte, und hat keinen Widerstand geleistet. Und ich bin auf die Knie und hab mich geduckt, mir hat alles gezittert. Hinterher fiel mir auf, dass ich noch ein Küchenmesser in der Hand gehalten habe. Mein Gott, wer weiß, wie der reagiert hätte, wenn ich aus Versehen mit dem Messer in der Hand da rausgekommen wäre.

Meine Auszubildende hat das ganz gut weggesteckt, die ist abends noch mit ihrem Freund tanzen gegangen und war auch gleich am nächsten Tag wieder da, obwohl ich ihr eigentlich ein paar Tage freigegeben hatte.

Ich wollte das alles möglichst schnell wieder vergessen, aber auch das ist in einem kleinen Ort schwer. Alle hatten von dem Überfall gehört und haben natürlich gefragt: »Wie war das? Hast du ihn erkannt? Wie geht es dir?« Das war alles fürsorglich gemeint, aber ich wollte nicht ständig wieder daran erinnert werden.

Ich habe öfter noch an diesen Kerl gedacht, ein junger Mann. Manchmal habe ich nachts wach gelegen und gedacht: Wenn sie den kriegen, dann fahr ich hin und schaller dem eine, aber so richtig! Leider haben wir nie erfahren, ob der Täter gefasst wurde. Die Bank ist ja versichert, wir bekommen den Schaden ersetzt, und damit ist das für uns erledigt.

Seitdem bin ich schon misstrauischer, wenn jemand zur Tür reinkommt, den ich noch nie gesehen habe. Und ich wehre mich dagegen, dass die geschlossenen Schalter abgeschafft werden, wo man doch wenigstens hinter kugelsicherem Glas sitzt. Die Chefs wollen, dass wir jetzt an offenen Tresen arbeiten, das sei kundenfreundlicher. Aber für uns ist es natürlich wirklich ein Unsicherheitsfaktor.

Neulich kam einer, der hatte seinen Motorradhelm noch auf, ich habe einen Riesenschreck bekommen. Den hab ich erst mal zur Minna gemacht! So geht man einfach nicht in eine Bank. Und einmal kam eine Frau, die wirkte total nervös und kramte in ihrer Handtasche rum. Und ich dachte: Die holt da jetzt eine Waffe raus. Dann hat sie mir einen Zettel über den Tresen geschoben, auf dem stand: »Haben Sie hier eine Toilette?«

Durch teils hochriskante Finanzprodukte verloren die deutschen Haushalte 2008 einer Allianz-Studie zufolge 110 Milliarden Euro. +++ An mehreren deutschen Gerichten laufen derzeit Klagen von Anlegern gegen Banken und Sparkassen, weil diese sich nicht ausreichend über die Risiken von Geldanlagen informiert fühlten. ++– Nur noch 9 % der Bundesbürger haben in Finanzfragen großes Vertrauen zu ihrem Bankberater. 72 % der in einer Studie befragten Kunden sagten, sie hätten bei einem Verkaufsgespräch in Gelddingen nicht immer alles verstanden. +++ 4,7 Billionen Euro haben die Deutschen insgesamt auf der hohen Kante. +++ Etwa 1500 Banküberfälle ereignen sich jedes Jahr in Deutschland. +++ Gisela Werler gilt als die erste Bankräuberin Deutschlands. Zusammen mit ihrem Ehemann Peter beging sie Mitte der 60er-Jahre 19 Banküberfälle.

Diana Verlag

MARTINA RELLIN
Die Wahrheit über meine Ehe
Frauen erzählen

Hinter der glücklichen Fassade:
Kein Sex. Keine Gespräche. Kein Respekt.

Jede Ehe hat ihre eigene Wahrheit – eine Wahrheit, die oft nicht mal die beste Freundin kennt. Denn wir erzählen nur das, was wir selbst sehen wollen. Dabei empfinden die unterschiedlichsten Frauen überraschend ähnlich: Ihre Ehen gleichen funktionstüchtigen Kleinunternehmen, Liebe und Leidenschaft ging verloren. Mit diesem Buch durchbricht Martina Rellin die Tabuzone Ehe und lässt Frauen zu Wort kommen, deren Männer manchmal jahrelang auf einem Pulverfass sitzen, ohne es zu ahnen.

»Was wirklich in deutschen Partnerschaften los ist.«
BILD-Zeitung

978-3-453-35406-7

www.diana-verlag.de